JN312514

世界の箱庭療法

現在と未来

山中康裕
S・レーヴェン＝ザイフェルト
K・ブラッドウェイ
編

新曜社

スイスのボーリンゲンにあるユングの別荘の、ユングが彫った石の前で。国際箱庭療法学会(ISST)の結成直前のもの。カルフさんを囲むFDMの面々（樋口先生を除くすべて）と、ユング研究所留学中の安渓真一、織田尚生の両氏も加わっている(1982年)。

編者まえがき——1

山中　康裕

本書は、わが日本に一九六五年に河合隼雄教授によってもたらされた、スイスのドーラ・M・カルフ（Dora M. Kalff）女史の箱庭療法の、世界一四カ国・地域の現状を伝える貴重な報告を中心に編まれている。

そもそもの本書の中核部を発刊するにいたったいきさつは、すぐこの次に書いている、ドイツのシグリット・レーヴェン＝ザイフェルト女史が、一九九九年の夏、カナダのヴァンクーヴァーで開催された、第一五回国際箱庭療法学会（International Society for Sandplay Therapy, ISST）の総会の席上で、「今年はカルフ没後一〇年になるが、これを機に、各国の現状報告と、これからの箱庭療法への期待をこめてのエッセーを持ち寄り、それをドイツ語、日本語、英語の三カ国語で、同時出版しようではないか」と提唱され、ただちにそれが採択されて、言い出しっぺの彼女と、アメリカのケイ・ブラッドウェイ博士と私との三人が編集委員となることで始まったのであった。しかも、これはただちに急展開をみせ、昨年（一九九九年）のクリスマスを締め切りに、ドイツの彼女のもとに報告を出し合ったものが、すぐに私のところに送られてきて、それを訳したものが本書の第1部をなしているというわけなのである。

よって、当然ながら、原語は、ドイツ語および英語であって、その日本語版を私が担当することとなり、ここに上梓することになったのだが、それだけでは幾分分量も少なく、かつ、日本の現状がつかみにくいと考え、以下、第2部に、国際学会員（日本からは、河合隼雄、樋口和彦、山中康裕、岡田康伸、織田尚生氏の五名である。なお、そのほかに、日本人としては、アメリカ在住の、リース・滝幸子、イギリス帰りの、戸塚悌子氏が正式なＩＳＳＴの会員である）のうち、三人に書いていただいた。また、第3部に、まだ国際学会員ではないが、先のカナダ学会に参加された四名に、さらに、第4部に、昨年の沖縄学会の会長をつとめられた金城孝次氏と、来年の北海道学会の会長が予定されている、清水信介教授に、お願いしたものである。なお、二〇〇〇年の学会は、東洋英和女学院大学の織田尚生教授の担当であることを申しそえておきたい。

編者まえがき――2

シグリット・レーヴェン＝ザイフェルト

ドーラ・カルフ女史没後一〇年、一九九〇年以降の世界の箱庭療法の歩み

本書企画の着想は、一九九八年にスイスの同僚から得たものである。彼女の報告はボルダアン（Boldern）におけるドイツ語圏箱庭療法学会での報告と、「ドーラ・カルフ没後一〇年」についての報告とを統合しようというものだった。たとえ私が、そのアイデアを国際的な範囲に拡大したとしても、それはきっと、ドーラ・カルフ女史の、国際的視野に立つ考えに適《かな》うものだと思う。

一九九九年にカナダのヴァンクーヴァーで開催された国際箱庭療法学会（ＩＳＳＴ）における全体集会での私の提案は、「ここ一〇年の箱庭療法の世界的な発展について報告しあおう」というものだったが、おかげでそれは多くの方々のご賛同を得ることができた。

ヴァンクーヴァーでの国際会議の後ただちに、私は、世界各国各地域の代表者の方々に、本計画について連絡した。それら各国の方々は、まったく同じ要請を受けたはずなのに、集まった報

告は、それぞれまったく異なるものとなった。しかし、これこそが、この世界的共同作業の魅力でもある。本企画のために、率直にご意見を寄せてくださったすべての方々に、衷心より感謝申し上げる次第である。執筆者各自が、それぞれ各国独自の歴史的時点の中にあって、また、各自それぞれの前提のもとに、本書を編み、それぞれとても重要なことを記載してくださった。私は、ドーラ・カルフ女史による「治療的箱庭遊び（つまり箱庭療法）」のアイデアを礎石として、この創始者の広範な視野にまさにふさわしく、はるか幾多の国境を越えて、天職たる私どものこの仕事に十分に報いることができた、と嬉しく思っている。

私には、ドーラ・カルフ女史の創案になる「箱庭療法」を支持する、可能な限りすべての国や地域の方々とコンタクトをとる、ということが重要課題だった。だが、残念ながら、すべてを網羅する、というわけにはいかなかった。さらに多くの国や地域において、〝われらが〟箱庭療法が、生きており、育っていることをご存じの読者もおられるはずである。そんな場合には、どうか、コンタクトを取りうる方の住所氏名を、私宛にご連絡いただきたい。本企画の執筆者に関しては、現時点では、ＩＳＳＴの正会員でなければならない、とは考えていない。たぶん、この後も収集作業を続けるつもりであり、よろしくお願い申し上げる次第である。

（山下美樹訳）

序文

河合　隼雄

箱庭療法は本書に示されているように、世界の各国に広がりつつある。国際箱庭療法学会も徐々に発展してきて、将来はもっと広く、そして深く発展してゆくものと期待されている。

このような現状を見ても、この療法の創始者、ドーラ・カルフ女史のおかげであると、彼女に対する感謝の気持が湧いてくるのである。カルフさん（いつもそう呼んでいたので、ここでもこのように記すことにする）に、一九六二年にはじめてお会いしたときのことは、今もよく記憶している。私のつくった箱庭を見て、「西洋と東洋をつなぐ橋」の役割をするだろうと言われたが、現在、まがりなりにもその言葉どおりのことをしていると思う。そして、カルフさん自身も、何度も日本を訪ねているうちに、東と西とを結ぶ役割を果たしてゆかれたと思う。箱庭療法には東洋の知恵が大いに生かされている。

カルフさんは何と言っても偉大な臨床家であった。私は実に多くの彼女の事例を見たが、それらは常に彼女の臨床家としての素晴らしさを反映しているものだった。初期の頃はもっぱら子どもを対象としてきたが、彼女を見るや否や、それまでは誰との関係も拒否してきたような子どもたちが、すぐに彼女にはなついていった。そして、そこには思いがけない箱庭の作品がつくられることになる。

初期の頃の問題は、カルフさんの臨床的なセンスの凄さがストレートに他の分析家や心理学者に伝わらなかったことである。これはドイツ語文化圏のアカデミズムの世界の特徴が大いに関係していると思う。学者は論文を発表するときに、アカデミックなスタイルをそなえた表現をしなくてはならないのだ。カルフさんはいつだったか、ドイツ語より英語で発表する方がよほど気楽だとこぼされたことがある。英語は実質的で、妙にスタイルを気にしなくてよい、というわけである。

このことは箱庭療法というよりは、臨床心理学そのものの性質によるところが大きい、と考えられる。つまり、心理療法の真髄は従来のアカデミズムの形体に入りにくいのである。ヨーロッパでは心理療法が医学から生まれてきたこともあって、近代科学の力が強く、フロイトにしろユングにしろ、その点において大変な苦労をしている。自然科学ではなく、人文学的な論文を書くとなると、そのための訓練を受けていないと、おいそれと書けないし、それは実際の臨床からは離れ勝ちになる。

このような点を考慮して、従来からの科学論や学問論についての検討を経た後に、私が「事例研究」が「研究」としての価値をもつことを明らかにしたことは、箱庭療法の国際的発展に寄与するところがあったと自負している。もちろん、これは心理療法全般においても通じることなので、日本心理臨床学会、日本箱庭療法学会においては、事例研究を重視してきた。それらの成果を踏まえて、国際箱庭療法学会においても私の主張が認められて、事例研究を重視することになった。このために、カルフさんの偉大さが広く理解されることになったと思う。そして、箱庭療法の本質もよく伝わったのである。

本書に示されるように、世界の各国で箱庭療法が発展してきているのは嬉しいことである。しかし、将来はこれをもっともっと広げる努力をしなくてはならない。これは単に箱庭療法を広めることだけではなく、心理療法の中核に「自然治癒」ということがある、という事実を、もっと多くの臨床家に知ってもらうという意味があると思っている。そして、それを有効にはたらかせるためには、何よりも治療者とクライエントの関係の在り方が大切な要因となってきて、これは近代科学における観察者と被観察者との関係とまったく異なっている。このことをはっきりと認識することが心理療法一般において極めて重要である。臨床心理学を浅薄な近代科学のモデルによってのみ研究しようとする人たちに対して、明確にその誤りを箱庭療法を通して指摘する、という使命をわれわれは与えられているのである。

このような書物が出版されるほどにまで箱庭療法が発展したことを喜ぶと共に、将来に対してわれわれがなすべきことが大きいことも自覚される。志を同じくする者が共に努力を続けてゆきたい。

目次

第2部　わが国の国際学会会員の意見

第3部　国際学会非会員のカナダ学会報告

第4部　国内学会の現状

第 1 部
世界14カ国・地域からの報告

1　スイス
2　ドイツ
3　イギリス
4　ハワイ
5　イタリア
6　日本
7　アメリカ合衆国
8　カナダ
9　イスラエル
10　オランダ
11　台湾
12　オーストラリア、ニュージーランド
13　ブラジル
14　ラトヴィア

1 スイス SWITZERLAND

ドーラ・カルフ没後一〇年のスイスにおける箱庭療法の発展

ブリギッテ・グラーツェル

　私がドーラ・カルフ女史に初めて会ったのは、ドイツのボーデン湖畔のリンダウで行われた心理療法家のコングレスの開かれた一九八四年のことだった。そこで、彼女は私たちの前に、まるで岩のようにすっくと立って、箱庭療法について講義をしたのだった。彼女自身とその方法とは、水銀とやわらかく解け合ったアマルガムのように見えた。それこそ、彼女の治療法にぴったりのドーラ・カルフその人だった。砂の上の無意識的なイメージ群からなる方法、つまり箱庭療法に、私はひどく魅せられ、スイスのツォリコンにおける箱庭療法の訓練に参加したわけなのだった。

　ツォリコンのドーラ・カルフの所に集まる多くの人々にとって、彼女の家は、箱庭療法の知識の習得のみならず、その実際体験を味わう場でもあった。あらゆる国や地方から、週末や月曜に開かれる、英語で行われる基礎講座および、スーパーヴィジョン・セミナーに、人々が殺到していた。一九八二年、ドーラ・カルフは、箱庭療法の国際学会（ISST）を創設した。その国際組織は、彼女にとってはとても重要なものだった。そしてその思いは、彼女によって催されるセミナーにも反映されていた。ドーラ・カルフは実り多い母であり、彼女の精神は私たちに箱庭療法に対する熱狂的な愛好を植え付けた。

ドーラ・カルフ女史の死後、私たちは皆、取り残され、それぞれに自らの道を探さねばならなかった。ツォリコンは、国際箱庭療法学会のセンターとして記憶の中にのこり、一九九九年までは、子息のマーチン・カルフ博士が国際学会の事務局長を務め、その活動が維持され、スーパーヴィジョンも続けられた。しかし今や、その事務局の仕事は、米国箱庭療法治療者協会（STA）によって引き継がれている。

スイスでの私たちの多くは、箱庭療法の基礎訓練を修了している。現在のところ、国際箱庭療法学会の正式メンバーは、女性九名、男性二名の一一名である。マーチン・カルフ博士によって指導されるツォリコンにおける箱庭療法訓練センターに加えて、キュスナハトの、C・G・ユング研究所における箱庭療法の訓練も、ルース・アンマン女史のおかげで、可能となった。私たちのほとんどは、各自プライヴェート・プラクシス（個人開業）にいそしみながら、同時に、若い箱庭療法セラピストの訓練にあたっている。もうすぐ、私たちはスイス箱庭療法学会（SGSST）を組織する予定で、そこでの訓練のガイドラインを設定する作業に取り掛かっている。その過程は、私たちにとってはなかなか困難な道である。箱庭療法を学ぶセンターがただ一つだけではないのだという事実を受け入れなければならないし、世界中の多くの訓練機関のうちの一つにすぎないのだ、という事実も受け入れねばならない。個人的には、C・G・ユング研究所における箱庭療法の学習および訓練の可能性以外に、箱庭療法専一の訓練センターがあったら良いと思う。必要条件の一つは、若い治療者が箱庭療法に興味や関心をもってくれる、ということであるべきだ。

過ぎ去った一〇年の間に、ドイツとスイスとの、実り多い協調関係がうちたてられた。両国の共同作業によって、ドイツ語で年一回箱庭療法雑誌が発行されている。また隔年に、両国交替で、ドイツ語で行われる箱庭療法のシンポジウムを開催している。それには、デンマークや、オランダ、ベルギー、そしてオーストリアからの参加者も受け入れている。これらの国々に蒔かれた種もそれぞれに成長し、やがては花開いていってほしいものだと考えている。この意味で、二〇〇一年の八月、スイスで開催される予定の第一六回国際箱庭療法学会が、とてもユニークな学会となり、ドーラ・カルフ女史のあの精神を世界に広げる絶好の機会としたいものだと考えている。

一九九九年一〇月一一日、バーゼルにて

（山中康裕訳）

2 ドイツ GERMANY

一九九〇年代ドイツにおける箱庭療法の発展

シグリット・レーヴェン＝ザイフェルト

ドイツにおいて箱庭療法はおどろくべき発展をとげたといえよう。箱庭療法の基礎はドーラ・カルフによって築かれたのだが、その初期からすでに、彼女以外にも箱庭療法に取り組もうとする人々がいた。箱庭に対する関心は今後も引き続き、高まっていくだろう。ドーラ・カルフによって幾度となく発せられた小さな火花を、大きな火にするのが、われわれの課題である。

一九八九年一〇月七日、シュトゥットガルトで第一回箱庭療法会議（Sandspiel Konferenz）が開催された。その場にはもちろんドーラ・カルフが招待されており、基調講演を行う予定であった。しかし、彼女は予定日の二、三カ月前に健康を害し、参加できなくなってしまった。そのとき、私は彼女に代わって、われわれが箱庭療法を担っていかねばならないのだと感じた。私は長年にわたって、ツォリコンでのカルフ女史のセミナーに参加し、非常に多くのことを学ぶことができた。それゆえ、彼女がシュトゥットガルトのセミナーに来たら私の家に招待し、私の面接室を自由に使えるようにと準備もしていた。私は第一回箱庭会議において講演を行ったが、残念なことに、その場にドーラ・カルフの姿はなかった。参加者から、会議の毎年の開催を求める声が多く寄せられたので、箱庭会議はその後も引き続き催されることとなった。一九九〇年はベルリンにおいて、「箱庭における転移と逆転移」というテーマで開催され、ケイ・ブラッドウェイが重要な講演を行った。一九九一年と一九九二年は北ドイツで開催され、一九九四年にはスイスのアインジーデルンで、初めてスイスの研究者によって「黒マリアとの遭遇」というテーマで実施された。一九九六年はハンブルクのゼーファーテルで「四大素――地、水、火、風」というテーマで、また一九九八年はスイスのボルダアンで「境界」というテーマで開催された。会議には毎回一〇〇名を超える参加者が集い、多大の関心を得ている。二〇〇〇年には南ドイツのカルブで「移行と変化」というテーマで行われる予定である。一日間だけの最初の会議を除くなら、カルブにおいて新ミレニアムの最初に行われる会議は、七回目の大会となるだろう。ドイツとスイスの研究者によって、講演と研究会が提供されることになっている。ドーラ・カルフの国際的な理念を守るために、毎回少なくとも一つの講演が、海外のＩＳＳＴ（国際箱庭療法学会）のメンバーによって行われている。なかでもアドリアナ・マッツァレラは何度も招聘されている。

機関誌発行や会議の開催に向けて協力しあうなか、有意義なことに、一九九二年以降ドイツ語圏のＩＳＳＴの会員による会合がもたれるようになった。会合では情報の交換や、ドイツ語圏における箱庭療法の継続専門教育（Zusatzausbildung）の調整および具体化に向けてのブレイン・ストーミングが行われた。しかし、スイスの研究グループとは職業をめぐる処遇環境が異なった状況にあり、また別の国内事情からも、彼らとは別にさらなる検討を続ける必要があった。それに加え、ドイツのＩＳＳＴ会員――一名を除く全員がドーラ・カルフより訓練を受けていた――は、箱庭療法の教育方針および「ドイツ箱庭療法学会（Deutsche Gesellschaft Sandspiel Therapie, DGST）」の規約作成に取り組むこととなった。このＤＧＳＴは一九九七年一〇月二六日、シュトゥットガルトで設立された。その当時、ドイツには一二名のＩＳＳＴ会員がいたのだが、全員が学会の設立に賛同している。そして、その一二名の設立メンバーの中から規約に定められた五名の理事が選ばれた。私が理事長に、トーマス・マンテルとクリスタル・センゲスが理事長代理に選出された。監査にはホルスト・リーベル、書記には旧東ドイツのハーレ出身のヴェロニカ・ブラシュケが選ばれた。理事会に旧東ドイツのメンバーが参加するのは非常に喜ばしいことである。しかし、税務当局が、公益学会としての申請を承認しなかったため、規約の改稿を行わねばならなかった。たとえ今後、ＤＧＳＴが非常に規模の大きな団体になったとしても、箱庭療法の学術的な発展をめざすだけでなく、ドーラ・カルフの精神に即した箱庭療法の保持をも心がけたいと思う。DGSTの会員は一九九九年九月の会員総会の時点で、七二名を数えるに至っている。

一九九二年に初めて刊行されたドイツ箱庭療法誌は、このたび九号が発行された。われわれはスイスの研究者たちとともに、雑誌の定期的な発行をめざして努力しているものの、寄稿論文数がまだ十分ではなく、辛うじて発行にこぎつけている状態である。残念ながら、一年に二回の刊行にはまだ遠く及ばない。しかし、編集委員会のメンバーは雑誌の発行に対して非常に積極的であり、責任と関心をもって従事している。

ドーラ・カルフが初めてシュトゥットガルトのC・G・ユング研究所のセミナーに招かれた一九七三年には、この素晴らしい特別セミナーがその後二五回も続くことになるとは、誰も想像だにしなかっただろう。私の知るところでは、彼女が外国を最後に訪れたのは、一九八九年夏学期のシュトゥットガルトであった。そのときはもはやドーラ・カルフが長期のセミナーを続けられないということを覚悟しなければならない状況にあった。しかし、かといって、シュトゥットガルトのユング研究所で箱庭のセミナーが提供されないということはとても考えられなかった。それゆえ、不安がまったくなかったとは言えないものの、喜びと誇りをもって、私がそのセミナーを引き継ぐこととなった。しかし、一人立ちには時間がかかった。私が今年の冬学期までの一〇年間担当した後、ヴィタ・ハイデンライヒがこのセミナーを引き継いでいる。

一九九五年、「寄るべなさと安心、自己との出会い（Feeling Lost－Feeling Home；bei sich selbst ankommen）」というテーマのもと、シュトゥットガルトでＩＳＳＴの第一三回国際会議が開催された。長年続いているシュトゥットガルトの箱庭療法研究会は、これまでの臨床事例および砂絵、象徴解釈の交流や研究以外に、会議の運営という大きな課題を担うこととなった。しかし、その体験は多くの喜びをもたらした。この会議から、研修生たちにも参加を呼びかけたが、それによって、会議には広くオランダやスカンジナビアからの研修生も集うこととなった。

ドーラ・カルフと相談の上で、私は一九八六年に初めて、九人の女性研究者のグループに対して、箱庭の指導を行った。この優れた手法を関心のある人々に伝えていくことは、私にとって非常な喜びであった。当時練り上げた構想はその後もさらに発展を遂げ、このたび、第一一期生が二年弱の方法論課程を修了した。ＤＧＳＴが作り上げた教育方針（ＩＳＳＴの要項に準拠している）は、あらゆる人に適切な基礎を提供するものである。

ユング派のディーター・シュノックによってケルンに設立されたＣ・Ｇ・ユング学会は、箱庭のもう一つの発祥地でもある。エヴァ・シッグは長年にわたり、ケルン周辺地域において箱庭を学んでおり、現在はさらに他のＩＳＳＴ会員のもとで研鑽を積んでいる。

ドイツにはシュトゥットガルトとケルン以外にも、箱庭療法の継続教育センターが数カ所ある。

クリスティーヌ・レムス＝エヴァーリンクは以下のように報告している。

一九九五年以降、アレクサンダー・フォン・ベルゲスと私はハンブルクにおいてグループスーパーヴィジョンを、さらに翌年からは、北ドイツの箱庭療法家の求めに応じる形で、定期的な基礎セミナーを始めた。今日、アレクの主な関心は別のところに移ってしまったが、セミナーは私のもとで続けられている。一九九九年現在、グンディ・リーゼと私は研修計画を作成しているところだ。この計画は、すべての研修生にさまざまな研修の場を提供するとともに、独自の体験および象徴理解のための訓練を保証するものでもある。

ツォリコンにある箱庭療法過程の事例記録保管所には、この一〇年来、われわれの論文が増え続けている。そこで私は、貴重なデータを「救い出し」、整理するために協力を申し出た。そして、マーチン・カルフとルース・アンマンとの合意の上で、一九九九年の一〇月下旬にツォリコンで初めての研究合宿を行っている。次の研究合宿は一九九九年一二月の予定である。

クリステル・センゲスは次のように書いている。

一九九〇年の夏、私は同僚に一通の書簡を送った。その中で私は、死後ではあるがドーラ・カルフを箱庭療法の創始者として評価し、ハイデルベルク地域において、私が彼女の精神に即した箱庭療法を代表し、さらに啓発していくことを公表した。以前、ドッセンハイムの駅前通りには私のプラクシスがあり、そこで箱庭療法の研究会が催されていたのだが、その参加メンバーが再び集うこととなった。そしてその場で、私はユング派のニコラウス・ハルトマン教授とともに、箱庭による個人分析の方法とその可能性について述べた。

一九九三年一一月、私は初めて、ハイデルベルクの分析心理療法研究所で入門セミナーを開いた。セミナーには関心をもつ人々が大勢詰めかけ、その中から箱庭療法の継続専門教育のための研究会が結成された。この研究会は一九九四年の夏から活動を開始している。研究会には講師として、これまでマーチンやルース・アンマン、シグリット・レーヴェン＝ザイフェルトが招かれている。一九九六年にはＩＳＳＴの当時の会長である河合隼雄氏を、ハイデルベルクでの週末セミナーに迎えることができた。そのセミナーはわれわれにとって特別の体験であり、たいそう実り豊かなものとなった。アメリカのＩＳＳＴ会員であるベティ・ジャクソンとアレクサンダー・シャイアによる講演の反響もまた、熱狂的なものであった。

その後しばらくして、個人スーパーヴィジョンが行われるようになったが、それよりはむしろ、グループ・スーパーヴィジョンの方が好まれるようである。ハイデルベルクにおいて最初に箱庭療法を受け継いだのは、小さいながらも信念をもった、熱心なグループであった。

ドーラ・カルフの箱庭療法を紹介して以後の定期的なセミナーは、一九八六年以降、ハイデルベルク研究所のカリキュラムの一部になっている。さらに、研究所の所長ならびに講師として、研究所内に箱庭療法室が設置されたことを報告しておく。私はドーラ・カルフの箱庭療法を二〇〇〇年においても、ハイデルベルクで受け継ぎ、次に伝えていくことによって、彼女に敬意を表したいと思う。

ミュンヘン地域では、ヴェラ・フォン・ブラウベーレンスによって箱庭療法の研究会が設立された。彼女は以下のように述べている。

ミュンヘンにおいてはグループ・スーパーヴィジョンという形で研究が進められている。そこでは、箱庭療法過程を手がかりに箱庭療法の理論的基礎についても検討、考察している。また、国外で発展した概念についての基礎知識を拡めていくことも、研究会の重要な関心の一つとなっている。それによって、箱庭療法の国際的な特性を実践に応用することができるだろう。

私は、英語圏における箱庭療法家との共同研究の機会を与えてくれたという点で、ドーラ・カルフに謝意を表したい。昨年は、アメリカのカリフォルニア大学の公開講座サンタ・クルスによって組織された研修グループとともにスイスで共同研究を行った。さらに近年はイギリスのアグネス・ベイリーとともに、集中的な共同研究を行っている。彼女とともにイギリスでは、さまざまなワークショップを開いた。私は彼女を通して「前－箱庭（Pre-Sandplay）」という概念を知ることとなったのだが、この概念は、子どもを対象とした私たちの研究にとって、たいへん意味深いものである。また、このような箱庭療法の基礎に関する研究は、私にとって、ますます重要なものとなってきている。

今後、われわれ箱庭療法家が互いに学び合うことによって、この国際学会の中に存在する優れた知識を拡め、患者のために役立てていくよう努力していきたいと心から願っている。

チュービンゲンの研究会設立について、マーガレッテ・シュターンは次のように語っている。

チュービンゲンにおける箱庭研究は、ドーラ・カルフその人に端を発すると言えよう。彼女は以前、私の自己経験過程――このように私は呼びたい――の後、私なりに箱庭の研究を始めるよう勧めてくれた。それは、私にはまったく思いもよらないことであった。というのも、私は当時六九歳で、チュービンゲンの心理相談所での臨床活動をやめたばかりだったのだから。

それでは！ということで、私は一九八五年、七〇歳の誕生日に箱庭療法プラクシスを用意し、研究に着手することとなった。私は以前の研究によって知られていたため、あらゆることが非常に順調に進んだ。初めのうちはカルフのもとで必要なスーパーヴィジョンを受けたが、まもなく箱庭に関心をもつ研究者たちと連絡を取り合うようになり、一九八七年一一月には箱庭療法研究会を設立することとなった。その一〇年後には、研究者同士でスーパーヴィジョンを行うために、新たな研究会が発足している。この二つの研究会は現在も続いており、月に一度、私のプラクシスにおいて会合をもっている。また、およそ一〇年来、年に二、三回ではあるが、研究会の内外から報告者を招いて週末研修セミナーを催している。

非常に喜ばしいことに、二人の同僚がＩＳＳＴの会員資格を獲得し、私に代わって、二つの研究会における責任を引き受けてくれた。さらに彼らはＤＧＳＴの理事会において責任ある地位についている。ドイツ語圏における次の箱庭シンポジウムは、二〇〇〇年の九月二九日から一〇月一日までカルブ（スイス北部）でチュービンゲンの研究会によって開催されることになっている。

ありがたいことに、私は現在八四歳になり、第一線を退くことができた。しかし今も力の及ぶかぎり、自分のプラクシスで活動を続けている。

ウルシュラ・フォン・ゼルツァムは長年、北ドイツのフェルデンにあるプラクシスに、箱庭の専門教育センターを併設してきた。目下のところ、年に四回、二〇～三〇人の研修生が集まるが、彼らの多くは「箱庭に対して非常に積極的」であるとのことである。

ベルリンには、ほぼ一〇年来、研究者同士のスーパーヴィジョンのグループがあり、毎月定期的に集まっている。時折、その会合には、箱庭に関心のあるベルリンのユング研究所の研修生たちが参加している。

われわれは将来の夢と希望に向かって、全力を尽くしたい。

箱庭療法が学問的にも、公的にも認められるための必要な諸条件を整えたいと思う。そのためにも、箱庭療法のための適切な教育方針の作成に向けて尽力したい。しかし、「ドーラ・カルフによる治療的な砂遊び（箱庭療法）」は、いまだユング派においても、あらゆる年齢の人々に適用できる独自の技法として認められてはいない。依然として箱庭は、子どもの心理療法における一技法、あるいは、大人の心理療法で夢が現れない場合に無意識を活性化するための手段にすぎないとみなされている。また、箱庭はドーラ・カルフ以前からすでに、一般的な治療法として利用されており、今日においても、専門的な訓練なしに、つまり自己経験もなく、真に体系だった手ほどきもスーパーヴィジョンもなしに用いられることがある。このような状況では、箱庭による効果が期待できなかったり、患者から受け入れられなかったりするのも、やむを得ないだろう。未来の箱庭療法家のためにも、高水準の研修を約束したいと思う。

（山崎玲奈訳）

3 イギリス UNITED KINGDOM

一九九〇年以降のイギリスにおける箱庭療法の発展

ダイアナ・ジャンセン

「イギリスおよびアイルランド箱庭療法学会（The British and Irish Sandplay Society, BISS）」は、一九八八年にジョエル・ライス＝メニューインによって設立され、彼がその初代会長である。ジョエルはすでに、一九八五年には、国際学会の理事になっている。設立当初からこの協会を見守ってきたメンバーはごくわずか（ジョエル、ヒルデガード・ワインリッチ、アグネス・ベイリー、マギー・バロン、クーム・オハンランを含む）だったが、今や総数五〇名に発展しており、うち一〇名はISSTのメンバーでもある。この協会が今やイギリスのいたるところで活動しており、こんなにも早く成長したのは、ジョエルのインスピレーションとエネルギーによるところが大きい。

ヒルデガードは、今は主として南イギリスの新しい会員の訓練にあたっている。彼女は、一九九八年の一月に、箱庭療法訓練コースを設立したが、そこには現在、オランダや南アイルランドを含むさまざまな国から来た三二名が在籍しており、二カ月に一度、週末いっぱいを使って行われている。メンバーの中には、ユング派の分析家やセラピストとして訓練中の人、訓練を完了したばかりの人もいる。精神科医もいるし、またローウェンフェルド技法の箱庭療法セラピストとして何年も経験をつんで、現在はヒルデガードと共に再訓練中で、同時にユング研究所で修士学生として学んでもいるという人もいる。さらに、現在ユング研究所でPh.D.として学んでいる人もいる。

アグネスは主に子どもとのワークに関する、効果的な訓練プログラムを作成している。それがネッシー・ワークで、箱庭を行うにはまだ「融和した自己（Cohesiveself）」を十分に持ち得ていない子どもとの準備段階、あるいは前箱庭的な作業を含んでいる。

彼女はごく幼い子どもとの作業には、ノイマンの著作が欠かせないと主張している。彼女の訓練プログラムでネッシー・ワークを支えてきたのは、マイク・フォーカスである。マイクはさまざまなトラウマを負った子どもと一緒に、目ざましい作業を行っている。またアグネスは毎年ほぼ六カ月アメリカに滞在しているが、ネッシーがそこで活動している間、マイクが西イギリスや南アイルランドの多くのネッシー訓練生の留守を守っている。アグネスの仕事は二五年に及び、今年九月には彼女を祝う集いがアメリカでもたれ、その活動を通して彼女と出会った五〇人の仲間たちが一同に会した。

ダイリス・グリフィッツはちょうど今、サーレー大学と、リヴァプール大学において開催される「箱庭療法研究における、大学院修士取得のためのプログラム（Graduate Diploma/ MA programme）」を作成中である。今年度（一九九九年度）の復活祭の日、アグネスとマギー、ヴェラ・ベアンズは大学の主催するイースター・スクールで、ローハンプトンに、このプロジェクトを試みるため参加した。

一九九八年三月の、ジョエルの死は、われわれすべてにとって深い悲しみである。各自が、それぞれのやり方で、彼の死を受け入れ、悲しみに対処しながらも、昨年から、これまでの蓄積を振り返りつつある。われわれを導いていく彼のほとばしるような霊気がなかったなら、ＢＩＳＳにおける方向性を見つけてゆくのは困難だっただろう。

彼はこの協会を、素晴らしい熱意とインスピレーション、そして知恵をもって先導し、皆を導き、活動を可能にする中で、その秀でた創造的・芸術的才能を発揮した。

ジョエルはまた、われわれの箱庭の作業に特有の遊びの精神をたたえることができた人だった。一九八八年の秋にはドーラ・カルフも参加した初めての「国際カンファレンス（International Conference）」がロンドンで開かれ、ジョエルが主催者をつとめたが、そのとき、それがまさにそのとおりであることが証明された。このカンファレンスに出席した人々は、お気に入りの箱庭のアイテムに扮するよう促され、ジョエル自身は中国の詩仙に扮したのだった。われわれ全員、彼の死後しばらくは、彼がいないのをとてもさびしく思い、地理的にも、またわれわれの仕事に関しても、広く多様性をもつ組織として、路に迷う危険に陥るのではないかと感じられた。ジョエルにとってはドーラ・カルフがインスピレーションの源であり続けたように、ジョエルもまたこの協会の多くの者のための案内者として、大きな懐と技量、感受性、歓迎すべきユーモアのセンスをもって、われわれの活動や専門的な努力を促してくれた。あの独創的で、愛すべき存在を失ったが、われわれの協会は、彼と、その最愛の伴侶であり、彼のあらゆる努力への誠実な支援者であった親愛なる妻ヤルタの恩を受け続けるだろう。ジョエルの死からちょうど一年経ったが、マギー・バロンはわれわれの協会を団結させるという仕事を、堅実に行っている。彼女は、一九九八年の夏の会議を組織し、感受性豊かにその議長を務めたが、そのときにジョエルを記念するミーティングが開かれた。ルース・アンマンとマーチン・カルフはそのミーティングで忘れがたい発表を行い、そしてまたルースは彼女の兄であるペーター・アンマンが作成した、スイスのキントハウゼンでルースが病前のジョエルに対して行った短いインタビューをまとめたビデオを見せてくれた。それから、一九九九年六月にロンドンでルースによって開かれたじつに興味深いセミナー「箱庭、夢とイメージ」がある。これには多数の出席を見、さまざまに異なる相の絡み合いをめぐって生きた議論をすることに夢中になったのだった。ハリエット・フリードマンが二〇〇〇年五月に発表してくれる予定であり、そのロンドン訪問を楽しみにしている。

ジョエルの死後、初めての役員全員の会議が、ＩＳＳＴのメンバーを前にして（メンバーは全員で九人だが、アグネス、イスラエルのメンバーであるリナ・ポラートとベル・メルツァーの二人、そして日本から来た戸塚禎子をのぞく）開催される予定で、間近に迫っている。参加予定者は、ダイアナ・ジャンセン（議長代理）、マギー・バロン（名誉会員そして重鎮）、ヒルデガード・ワインリッチ（訓練委員長）、マイク・ファーカス（現在北西イギリスと南イギリスの訓練プログラムを指導している）、フランシス・スミス（北東イギリスのリーズにある大学へ、箱庭療法の概念をちょうど伝えたところだ）、ブレンダン・ハーディング（彼は、外科の患者と共に、わくわくするような革新的な方法で箱庭療法を用いている）である。これは、われわれにとって、次のミレニアムに向けての通常の会議やカンファレンスにおける計画を明確にするための、とても大切な会議である。この夏、ヴァンクーヴァーで集まった国際学会の役員会議では、マギーが新しい幹事に投票で選ばれた。彼女にとって幹事を務めるのは負担の大きい仕事だが、同時に、イギリスに居ながらにして国際レベルで起こっていることに触れているという感覚を今まで以上にもつことができるということも意味している。

われわれの役員会議の後、一日カンファレンスが行われる予定で、協会からヒルデガード、マギー、マイクの三人が講演するが、箱庭の発達的な問題という題目についての話や発表が予定されている。

われわれは設立者、指導者、会長を亡くし、まだ悲嘆から抜け出してはいないが、この協会に所属していることを力強く感じているし、たいへん生き生きしているのを感じている！

（三枚奈穂訳）

4 ハワイ HAWAII
ハワイ箱庭療法評議会

チョニタ・ラールセン

私たちの島、ハワイでは、ドーラ・カルフに倣って箱庭を普及させるにあたって、日本の実例に従い、正規の〝常任理事（Board Members）〟五名で構成される創設グループをつくった。この創設グループは、ハワイ箱庭療法評議会（HSC）を組織するのに尽力し、今日も、ハワイ箱庭療法評議会を運営している。ハワイにおけるこの小さな〝理事会〟は、九名の〝助言者（Advisors）〟の援助を受けている。〝助言者〟は、〝経験豊かな〟アメリカ箱庭療法協会（STA）に所属する箱庭セラピスト何人かと、ハワイ島出身で、設立当初から今日までカルフの箱庭を熱心に推進してきた数人の箱庭の専門家とで構成されている。箱庭療法を知って新たに加わりたいと思う人々は、評議会の〝会員〟として参加することになる。

ハワイ箱庭療法評議会は、一九八一年に始まった、ドーラによる、配慮ある支持的な指導の下で、小規模にスタートした。そして、小規模のまま、慎重に継続されていった。ドーラは、教えること、訓練すること、そして、ダイアモンドヘッド・ビーチにあるラールセンの家で休暇を過ごすのを目的に、半年ごとに、〝彼女の大切な島〟を訪れた。ドーラの指導が始まった当初、私たちのグループの名称は、すこしずつ変化した。ちょうど、ハワイにおいて、箱庭に使用する入れ物が変化していったのと同様であった。すなわち、最初の名称は〝連帯（associates）〟だったが、〝ネットワーク（network）〟となり、最終的には、〝ハワイ箱庭療法評議会（Hawaii Sandplay Council）〟となったのである。

〝評議会（Council）〟という名称が選ばれたのは、この用語の喚起する次のようなイメージによる。すなわち、種族の長老というイメージ、同僚同士が輪になってミーティングするイメージ、また、箱庭の精神であるところのまさに〝自由で守られた空間〟の内にいるというイメージ、そして種族の伝統を上手く永続させるにはどうしたら良いかを熟考するというイメージ、である。

私たちは、厳しい階級構造や、融通の利かない条項を極力排し、ハワイの公益団体を対象に法律で定められている条項だけに準拠した。今日、ハワイ箱庭療法評議会は、ドーラの下でそうであったように、ＩＳＳＴの直接の加盟団体として、ハワイで公的に活動している。

ドーラは、私たちに、箱庭は、国家的な境界を超越していること、部分の総体以上に内容豊かなものであること、そして、自分たち自身の地方的・国家的関心に心を奪われていてはいけない、ということを教えてくれた。私たちは、世界の一員である。彼女は、融通の利かない規則や規制によって、箱庭がいともたやすく抑制されてしまう可能性のあることを、折りにふれて何度も、私たちに思い起こさせた。今日私たちは、ドーラの指導が始まった頃のことを、素晴らしいそして価値ある体験として、記憶に留めている。箱庭に関心のある人々で構成された私たちのネットワークは、拡大していった。私たちは、月ごとにミーティングを開催し、セミナーと事例研究を行ってきた。ミーティングで、C・G・ユングとドーラ・カルフのフィルムを、サンフランシスコにあるユング研究所から借り出し、映写したこともあった。あるいは、ジョセフ・キャンベルの、象徴論と神話に関する、ビデオ上映や講義が行われたこともあった。

ドーラによる指導が始まった当初は、毎年九月に、ＩＳＳＴの設立者（ＦＤＭ）一二名が、世界中からチューリッヒに集まり、すばらしいカルフの家でミーティングすることになっていた。設立者たちは、ともに勉強し、この新たなトランスパーソナル・セラピーの発展のための、受け皿を生み出していった。このミーティングには、いつも驚くべき連帯意識があふれていた。箱庭を、世界を超えて発展拡大したいと望む者もあれば、より緩やかなペースで歩む方が賢明だと考える者もいた。それぞれが、自分のやり方で、ドーラがこれまで私たちに与えてきたことを分かち合うようになった。毎年九月、私たちは巡礼者のようにツォリコンに集った。

ドーラのハワイ訪問は、彼女の死まで続けられた。最後の訪問の際、彼女は、ハワイにおける箱庭が、アメリカと日本を結ぶ懸け橋として重要であることを、再度、私たちに強調した。彼女は、ハワイ諸島を、東部と西部の間の水路を横切る懸け橋として、象徴的に表現したのである。彼女の言葉は、私たちに、あたかも両腕を二つの方向に伸ばしてこの小さな島の上に立っているような感覚を残した。それゆえ私たちは、他のアメリカ人とは少し違った眼で、国際箱庭療法学会（ISST）を捉えている。

今日、ハワイ箱庭療法評議会の目標は、憲章と条例に記してあるように、ISSTの目的——ドーラ・カルフの仕事に基礎をおいた箱庭療法の適用と発展を促進すること——を存続させていくことである。ISST、そして世界中から招いた〝経験豊かな箱庭セラピスト〟とともに、ワークショップ、セミナー、スーパーヴィジョンを企画するといった、教育的性質を保ち続けることが、私たちの仕事となるだろう。また、年に四回、カルフによって普及した各地方のイベントや情報を掲載した会報を刊行する、という活動も行っている。

ハワイ箱庭療法評議会の、ごく最近の任務の一つは、〝HUGS〟（援助、理解、グループサポート、Help, Understanding & Group Support）という機関を援助することである。HUGSは、ハワイ独自の公益的な機関である。耐えられないほどの病気に苦しんでいると診断された子どもがいて、家族が危機的な状態に陥っている場合がある。こういう家族に対して、HUGSは、内容豊かな援助を提供している。何年も前からすでに、HUGSは、箱庭療法に関心を示していた。現在HUGSは、重病の子どもたちやその兄弟姉妹に対して、総計九〇の箱庭治療を行うことができる自由に使える資金を、特別に予算措置している。そこから付随的に、〝ラールセン資金（Larsen Fund）〟の任務も、促進されることになる。というのは、箱庭療法を受ける子どもの数が治療的コミュニティの内部で増加するだけでなく、諸機関で扱う数も増加するし、あるいは、州全体の子どもを対象にしている個々の箱庭セラピストのところでも増加することになるからである。〝私たちはこれまで、あらゆるグループから、非常にポジティブな反響を受け取ってきた。〟

ちなみにラールセン資金とは、正式には〝チョニタとジャック・ラールセン信託基金（The Chonita & Jack Larsen Trsut）〟といい、三歳から一三歳までの子どもたちを対象に箱庭療法による援助を行い、さらなる鍛練によってカルフ派の箱庭療法をハワイに定着させるため一九九二年に設立された。このラールセン基金は、ラールセン基金の憲章と条例に記してあるとおり、ハワイ箱庭療法評議会と目標を共有し、密接に関わり合いながら活動している。

要するに、私が言いたいのは、ハワイでは、ドーラ・カルフ亡き後新たな時代へと入ったときから、彼女が私たちすべてに与えてきたことを、立ち止まって考えたり、熟考したり、心の中で再検討したりしているのだ、ということなのである。カルフの贈り物である愛、知識、知恵を、ハワイ諸島や世界中のさまざまな集団の中で、どのように役立て、どのようにともに分かち合っていくのかということを、私たちはよく考える。カルフ女史は、多様性をそのままに箱庭療法を保護してきたけれども、その後のことについては、設立に関わったメンバー一二名の忠実な手腕へと委ねられた。今日、箱庭療法は、独自の展開を見せつつある。それぞれの土地、世界中の島々で、箱庭療法は根を張っていき、拡大している。箱庭療法は、子どもを援助し、大人をも援助し、そしてセラピストも、自分自身をも癒しているのである。

＊ハワイ箱庭評議会（HSC, Hawaii Sandplay Council）

国際箱庭療法学会（ＩＳＳＴ）の加盟団体。創設者：ドーラ・カルフ。

・設立者／指導者
　チョニタ・ラールセン
　ＩＳＳＴの設立にかかわったメンバー
・統括理事（Executive Coordinator）
　ジュリア・フィリップス（MA, RN, CSAC）
・副議長
　グラシア・ベル
　スー・バーグマン（MED）

ダイアナ・チー（ACSW）
トルース・ミネマ（MSW）
ダイアナ・ロビンソン（MA）
ミシェル・マクドナルド・スミス
パトリシア・ユーン（ACSW）

・助言者
ボブ・ボナー（MA）
サリー・デキスター・デュークス（MA, ISST, STA）
ディビッド・グスタフソン（MA）
ホリー・ヘンダーソン
リンダ・エンゲルバーグ（MA,　MLS）
ディビッド・R・マッキー（MD）
ジュディ・ザッパコスタ（MA, LMFCC, ISST, STA）

（安立奈歩訳）

5 イタリア ITALY
イタリアにおける組織的活動

アンドレイーナ・ナヴォーネ

ドーラ・カルフ女史は、一〇年前に私たちをおいて逝った。私たちの中の何人かも、彼女の最期を看取った。だが、ただ悲しみに打ちひしがれ、喪に服するだけではなく、彼女の残した遺産を受け継ぎ、さらに発展させていかねばならないし、またこのことは大きな責任だと言えよう。彼女の深い人生経験と、箱庭療法の類いない貴重な記録とを後進に伝えていくことは、はかり知れないほど大きな価値を意味するものとなるだろう。

本稿では、私たちイタリアのグループ内での、ドーラ・カルフに続く発展について述べる。私は、皆になり代わって、こう言うことができる。私たちがドーラ・カルフと過ごすことができた、過ぎ去りし日のあの経験は、すべての疑念や不安や疲労を取り除いてくれるに余りあるだろうと。

私たちイタリア・グループはすでに、イタリア箱庭療法学会を設立している。その発展においては、当初から、ドーラ・カルフの支援を仰いでいた。この学会は、バンビーノ・ゲス子ども病院において、毎年クリスマス前に開催していたセミナーが一九八七年に行われたとき、その会期中に設立された。その際の設立発起人は、私と、F・ビアンチ、M・ガルツォニオ、P・カルドゥッチ、S・マリヌッチ、A・マッツァレラ、F・モンテッチ、G・ナリリョ、D・トロラーニの各氏である。

国際学会が設立されていたことは、私たちが突然見捨てられた孤児同然に感じた際にも、この箱庭療法を継続しようとするにあたって、大いに役立った。私たちは、悲しみの底だけに沈んでいたわけではなく、今や、成長した新たな場が、突然、私たちのために開かれたのだという、新しい挑戦としてもとらえたのだった。同じ境遇の者が寄り集まってさらに発展を遂げ、今や私たちは、たんに精神的なレヴェルの上でともに結ばれているわけではない。カルフ女史は最期まで、私たちに実例を通して、それも病気の時期や死後にさえ、生命力、心遣い、希望などを与え続けてくれた。それはちょうど、父母がどんな困難な状況下でも、さまざまな方法を用いて、生命をその子どもに引き継いでいくかのようであった。

一九八九年にオルヴィエト（Orvieto）で開催された国際学会を通して、私たちはすでに、「ドーラ不在の時代」の意味するところに気づいたのだった。それは、彼女抜きで行われた初めての学会だった。

この一〇年間を特徴づけたのは、継続的な研究、そしてまた、国内レベル、国際レベルのグループの枠内での、個々の研究であった。それは、意見交換の時期でもあった。私は、箱庭療法の理論的前提条件や、技術のみではなく、この治療法の中に生きている魂に集中して、学んで欲しいと思う。その際、私たちはいつも、ひとりひとりの治療家がこの理論を個人的に応用する際に、最大限の自由を与え、それに任せている。

今年イタリアでは、国家が法律と条令により、治療における創造的な多様さをますます制限した。箱庭療法も、あわやこの展開の犠牲者になるところで、箱庭療法を守ろうとする私たちイタリア学会にとっての挑戦でもあった。そんな中で、私たちは、ドーラ・カルフの治療実践を生んだ彼女の哲学に十分に配慮した、教育方針を作成したのである。さまざまに異なる関係者同士（ISSTに所属しない、非依存的小グループ）がこの作業をしたため、しばしば対立が起こったりもしたが、それはまたカルフの教えが豊かに、より発展するという結果をもたらし、箱庭療法を用いている人々の、異なった人格、異なった理論、臨床上の方針を通して濾過されていった。

私たちイタリアのグループは、教育を完了した、小児科、神経精神科医、心理学者、そして、教師から成り立っている。チューリッヒのユング研究所で学んだ者、イタリア協会分析心理学研究所（Associazione Italianaperlo Studiodella Psicologia Analitica, AIPA）で学んだ者、中央イタリア分析心理学研究所（Centoro Italianoperlo Studiodella Psicologia Analitica, CIPA）で学んだ者もいる。しかし、彼らは皆、箱庭療法士として、チューリッヒ、ローマにおいて、ドーラ・カルフから薫陶を受けている。彼らの中には、開業している者もいれば、社会心療機関のバンビーノ・ゲス子ども病院のような公的機関で働いている者、薬物依存者治療施設（SERT）や、地域健康センター（ASL）などの治療施設で働いている者もいる。国家や地方公共団体の中にあるこのような施設では、箱庭療法が、心理診断法として、また治療法として、応用されている。精神病や薬物依存といった重度の疾患の場合にも、試験的に短期に用いられている。

長い間、バンビーノ・ゲス子ども病院では、自閉症、肥満（Adipositas）、拒食、婦女暴行、癌などについての研究がなされてきた。その成果は、一九八九年から一九九七年にかけて、二つの分析心理学雑誌と、F・モンテッチ氏らによって書かれ、編纂された書籍に発表された。

私たちの学会には、現在、四つのコースの中に、一三人の講師と三七人の研究生がおり、併せて五〇人である。箱庭教育に殺到する参加希望者のほとんどが、イタリアの二つの分析心理学研究所からやってくる人たちで、箱庭療法家としてのユング派分析家の数がどんどん増えていることを意味している。

こういう情勢であることから、国際的なユング派の学会に、ますます多くの箱庭療法家を送り出すことになるだろう。

ユング派文化圏の中で、箱庭療法はますます分析の場を占めるであろうし、私たちの考えからしても、それに値することを、これらは意味している。イタリアで私たちがドーラ・カルフの哲学とその考えを用いて日々経験している中ですでに気づいているように、それは可能なことなのだ。

たくさんのことが口に出して言われる中で、私たちは皆、いまだ言われざる幾多の言葉について述べていることがわかっている。何年もの間共有し、誰もが共感と感謝の念を秘めてきた、内なる個人的な領域に耳を傾けた「言葉にされなかった」ことについて——。

（山下美樹訳）

6 日本 JAPAN

日本における箱庭療法の過去・現在・未来

山中　康裕

はじめに

ここに、ドーラ・マリア・カルフ女史没後一〇年を記念して、先日のカナダはヴァンクーヴァーにおいて開かれた国際学会の席上ドイツのレーヴェン＝ザイフェルト女史の提案になる、世界各国の箱庭療法の過去・現在・未来についての小論を書くよう依頼されたことは、筆者の欣快とするところである。これは、米国、ドイツ、日本において同時発表する予定である。

さて、箱庭療法は日本において、ことに河合隼雄教授という、すぐれた指導者の紹介と指導と深化への努力、また、河合隼雄、樋口和彦教授や筆者をはじめとして何人かの治療者が直接ドーラ女史の指導をうけることができたのであるが、それらの貢献を得て、大きく大輪の花を咲かせ、現在では、学会員一四五〇人を擁する日本箱庭療法学会へと発展したことは、世界の箱庭療法家にもよく知られた事実である。

一九九六年にドーラの子息マーチンによって、ドーラの一八六六年の原著、SANDSPIEL, seine therapeutishe Wirkung auf die Psyche の改訂版が出版されたが、先の原著を一九七二年に邦訳した私は、やはり、この改訂版の翻訳をこのほど一九九九年一〇月五日に上梓した。そこに書かれたマーチンの小論には、当然書かれなくてはならないことが書かれていなかった。私は河合氏の本療法への貢献その他若干について書き加えて出版したのであった。幸い、こうして世界に語りかける機会を与えられたので、ここにもはっきりとそれらを再録し、かつ、それ以後の若干の考察と、日本における本療法の未来、および、世界におけるそれを述べてみることにしたい。

1 箱庭療法の日本における発展史の概略

日本における箱庭療法の導入と発展

箱庭療法が日本に導入されたのは、ドーラの原著の出版の一九六六年よりも一年早い一九六五年のことである。それは、ちょうど河合隼雄教授が、チューリッヒでユング派分析家の資格を日本人で初めて取得して帰国された年である。教授は、チューリッヒ滞在中にドーラと知り合ったが、そこにおいて出会った箱庭療法が、すでに二〇〇〇年以上にわたる盆景や箱庭という伝統をもち、美的イメージにすぐれ、言語化を経ないで直感的に洞察をうることに長けた日本人の心理臨床にとってぴったりの方法である、との直観があった。氏の最初の論文は、京都市カウンセリングセンターにおける若干の経験を踏まえて、一九六五年に「箱庭療法（Sand Play Technique）――技法と治療的意義について」というタイトルで、『京都市カウンセリングセンター紀要』第二巻、一～九頁に発表されたものであった。実に、これが日本における箱庭療法のデビューだったのである。この紀要のその巻には、西村洲衛男、大谷不二雄、中村良之助、滝幸子、浪花博の論文が連なっている。さらに、翌年には、河合教授は、当時の日本臨床心理学会の学会誌『臨床心理学の進歩』に、「Sandplay Therapy」を発表し、京都のみならず全国に発信したのである。

河合教授は、上記のカウンセリングセンターに結集した方々に加えて、高橋史郎、三木アヤらとともに経験を重ね、一九六九年に、『箱庭療法入門』なる書を公刊した。その巻頭に付された教授の論文「技法と発展過程」第二章の「理論的背景」および第三章「箱庭表現の諸相」は、ドーラの考えをさらに深く発展させ、かつ理論的にまとめたきわめて優れた論文であった。同じ年、岡田康伸による「SD法によるサンドプレイ技法の研究」が『臨床心理学研究』に載り、本療法の研究方面の端緒がつけられる一方で、山中康裕により精神医学の領域において、「学校緘黙児」や「ダウン症児」（一九七〇）らに適用した論文などをもとに、さらに独自の絵画療法例を加えて、「精神療法的創造療法過程にみられる象徴表現について」（一九七一）なる博士論文が出され、翌年、先に触れたように、ドーラのドイツ語原著の翻訳が、大原貢と山中康裕の訳で、河合氏監修のもとに公刊されて、名実ともに日本における箱庭療法の礎ができたのであった。無論、その間、数回にわたるドーラの来日があり、河合、樋口教授らを交えての研究会で、ドーラとわれわれは、箱庭療法におけるより深い思索の時間をもったのである。

ここに見られるように、箱庭療法のわが国における発展は基礎固めがしっかりしており、それを基盤に、全国津々浦々において多くの実践が始まったのである。以後、一九八二年に、河合・山中の編集で、『箱庭療法研究 1』が、ドーラの序文と、青木しのぶ、馬殿禮子以下一一の事例を中心に発行され、以後、一九八五、一九八七年と三冊の事例集がていねいなコメントをつけられて発行されていった。第三巻には、米国の故セシル・バーニイの事例も発表されていた。

日本箱庭療法学会の成立

それらを基礎にして、二〇年にわたるじっくりとした経験をもとに、一九九七年一一月に準備委員会が発足し、一九八七年七月一八、一九両日に京都において、約三〇〇名の治療者が結集し、第一回の日本箱庭療法学会がもたれた。同日のシンポジウムは、河合教授の講演に始まり、山中が司会し、岡田謙、生越達美両氏がケースを出し、河合隼雄、それに精神科医の加藤清両氏が自由にコメントする形で行われた。同学会の初代理事長は河合教授が務め、翌年一一月に、同学会誌、第一巻第一号が、山中康裕を初代編集長に発行された。巻頭を飾った原著論文は伊藤良子による「箱庭表現の深さについて」であり、きわめてすぐれた論文であった。ついで、岡田康伸らの「オーストラリアにおける箱庭表現に関する研究」そして、岡田謙による、「ある障害児への箱庭療法」であり、荒川由美子、高野祥子、三木アヤ、奥平ナオミによる研究報告が続いた。岡田康伸らのものは国際研究、奥平のものは、日本における伝統的な箱庭や盆景に関する労作で、目次を通覧するだけでも、すでに第一巻において広範な広がりと深さを兼ね備えていたことが知られるであろう。

以後、学会は毎年もたれ、会員数も一〇〇〇人を超し、学会誌も年二冊となって、学術雑誌として公認され、郵便法の便宜もうけることができるようになった。

さらに、文献的には、三木アヤが箱庭療法での自己追求の書『自己への道』を出し、また、岡田康伸や木村晴子が箱庭で博士論文を書いて、それぞれ、『箱庭療法の基礎』、『箱庭療法』として公刊され、東山紘久の『箱庭療法の世界』が刊行された。また、山中康裕が箱庭療法や独自の写真療法、絵画療法の経験をもとに書いた『少年期の心』（一九七八）はこの種の新書では大変に珍しい二〇年にわたるロング・セラーとなって、これまでに二〇刷一〇万部を越えて今もなお読まれ続けている。

日本における箱庭の改良や工夫と風景構成法の発見

さて、周知のごとく、箱庭の国際規格は、ドーラの原著にあるごとく、内法五七×七二×七センチメートルである（ドーラの箱は実測すると、約一センチメートルずつ短いが、これは筆者が直接生前の彼女に聞いたところでは、外法の寸法を内法と書いてしまったためとのことであった。何と、ドーラの箱だけはひとまわり分だけ小さかったのである）が、この規格について、治療的な観点から改良を加えた試みがあったので、ここに記載しておこう。

一つは、ユング派精神科医の武野俊弥による、分裂病者のための箱庭で、それは、五七×七二×一七センチメートルと、高さだけを少し高く変えたものである。それは、彼らの守りの薄さを、枠を強調することで補ったもので、これを「枠強調箱」と呼び、通常の箱と一緒に二つおいて彼ら分裂病者に箱庭を勧めると、必ず彼らは、この「枠強調箱」の方を選んだのであった。これは画期的な発展的活用であると言える。

実はこれには、その前段階があった。それは箱庭療法を分裂病者に適用するに際しての予備テストとして、「風景構成法（The Landscape Montage Thechnique, LMT）」を考案した、中井久夫（一九六九）

の、やはり箱庭療法の枠からヒントをえた「枠付け法」からの援用だったのである。ちなみに、これらは、分裂病者に箱庭療法を施行したところ、もともとある枠の中にさらに枠をおくものがあった、という河合教授の知見にもとづく。このＬＭＴは、一九七七年に黒い森シュヴァルツヴァルトのフロイデンシュタットで開かれたドイツ語圏表現病理学会（Deutsch Gesprache Geselshaft für Psychopathologie der Ausdrucks Therapie）の席上で発表され、そのとき、カッセルのズーヘンヴィルト教授やチュービンゲン大学のヤンセン教授らがこれに注目されたことが記憶に残っている。ちなみに現在の日本では、山中康裕の努力により、ＬＭＴの成書がすでに二冊も出されて、ロールシャッハやバウムテストに並ぶ有用な心理テストとなっているのである。

さて、いま一つは、やはりユング派の精神科医の安渓真一による、「円形箱庭」で、これは、直径七二センチメートルの円形箱としたもので、これは彼が、母子双方に同時に共同製作を勧めるために考案したものであった。これは以後再試するものがなく廃れてしまっているが、筆者としてはなかなかいい考案だと思っているのである。

2　日本における箱庭療法の現在

かくして、わが、日本箱庭療法学会は毎年、三五〇〜六〇〇人を超える参加のもとに各地で行われてきているが、以下に、ここ五年間の本学会の動向をかいつまんで伝えることにしよう。このことは、わが国内においては周知のことであるが、国外にはほとんど知られていないので、ちょうどいい機会だと思われるからである。

第九回大会（一九九五、盛岡）

盛岡大会は、一九九五年九月二三〜二四日、東北地方は盛岡市の岩手大学の広大なキャンパスおよび盛岡劇場で、佐藤文子教授を会長に開催された。出席は約五〇〇名で、大会第一日に岡田、河合、木村、西村、樋口、弘中正美、森谷寛之、山中の八名がワークショップ講師を担当した。発表は五〇題に達し、被虐待児、遺糞症、不登校児から痴呆症老人に至る多彩な事例が発表された。シンポジウムは、日本の生んだ天才童話作家で詩人の宮沢賢治生誕一〇〇年の前年ということで、「箱庭療法と賢治の世界」と銘打って開催された。佐藤文子、安藤嘉朗の司会のもと、山中が不登校の「赤ずきん庭子」の事例を出し、河合、サンディエゴのシェリー・シェパード女史、詩人で童話作家の工藤直子、賢治研究家で精神科医の森荘祐氏、そして山中がシンポジストを務め、活発な討論を行った。

第一〇回大会（一九九六、天理）

天理大会は、一九九六年一〇月一九〜二〇日に、奈良県の天理大学において、一瀬正央教授を会長、堀尾治代を事務局長に、五〇〇名を超す参加を得て開催された。ワークショップ講師は、樋口、馬殿、木村、山中、岡田、東山、菅佐和子、河合、森谷、森岡正芳の一〇名であった。発表演題は二五題、一題に二時間半を費やし、八会場同時併催という画期的な運営で好評であった。シンポジウムは、「箱庭・大和・小宇宙」と題して、サンディエゴのバーバラ・ミリエロ女史がケースを出し、河合教授、考古学の金関恕弥生文化博物館長、医療人類学の武井秀夫千葉大教授をシンポジストに、天理大学の鳥山平三、森岡を司会に、ネイティヴ・アメリカンのアイデンティティをめぐる箱庭をめぐって、活発な討論があった。

第一一回大会（一九九七、新潟）

新潟大会は、一九九七年一〇月四〜五日に、日本海に面した北陸地方新潟県の新潟大学およびホテル・イタリア軒を会場に、新潟大学橘玲子会長のもとに開催された。出席は約四五〇名であった。ワークショップ講師は、大場登、岡田、皆藤章、河合俊雄、河合隼雄、武野俊弥、豊田園子、樋口、弘中、山中の一〇名であった。発表演題は三八題で、チック、不登校児、自閉症から分裂病にいたる事例、および魂のよりどころや生きる場を求めての発表など多彩であった。シンポジウムは、「魔女とイメージ」のテーマのもと、高野祥子高知心理療法研究会長が事例を出し、橘玲子・樋口両氏の司会のもと、河合、N・バウムカナダ学会長、哲学者中村雄二郎、山中がシンポジストを務めた。また、バウム女史の記念講演があった。

第一二回大会（一九九八、名古屋）

名古屋大会は、椙山女学園大学の氏原寛教授を会長に、一九九八年一〇月一〇〜一一日に椙山女学園大学および名古屋サンプラザを会場に開催された。参加は約六〇〇名の多きに達した。ワークショップ講師は、大場、岡田敦、岡田、織田尚生、亀井敏彦、弘中、森谷、山中が務めた。演題数は四〇題で、身体化問題、阪神淡路大震災後のPTSDや、死の問題に至る広範なものであった。講演は、「マンダラをめぐって」と題して、国立民族学博物館の立川武蔵教授がチベットでの実体験を中心に行い、続くシンポジウムで、西村、中西由里の司会のもと、立川、河合、山中の三名が論じ合った。

第一三回大会（一九九九、沖縄）

つい先頃、一九九九年沖縄は浦添市の平安病院の金城孝次会長のもとに、那覇市の沖縄県女性総合センター「てぃるる」およびパシフィックホテルで行われた箱庭療法学会は、約三五〇名の参加を得て開催された。ワークショップは、一一会場の多きを数え、講師は、大場、岡田、織田、川戸圓、河合、河合(俊)、西村、樋口、弘中、山中、横山博が務めた。シンポジウムは、「風土・イメージ・箱庭」と題して、樋口、金城両氏の司会のもと、河合、加藤清、リース・滝幸子、山中がシャーマニズム、アニミズムから沖縄の風土とイメージについて熱く論じあった。演題は二五題を数え、九会場に別れて時間をたっぷりかけて事例を深く検討した。不登校、いじめ、アルコール依存、摂食障害、薬物依存、抑鬱、円形脱毛、全頭脱毛、学校不適応、アスペルガー症候群、分裂病など多彩な事例に加え、京都大学工学部岡崎甚幸教授らによる居住空間構成法や、追体験、夢、ファンタジーグループや、共感の問題など多岐にわたる報告があった。

以上、この五年間の経過を項目だけあげて見てきたが、本土をはるか離れて、飛行機や船舶でしかいけない沖縄ですら三五〇名、最高の名古屋では六〇〇名を超え、大変な盛況が続いていることが伺えるであろう。今や学会員は一四四一名に達し、河合隼雄初代を継いで二代目理事長の山中康裕は二期目、学会誌編集委員長である岡田康伸も山中の三期の後を継いで二期目であり、雑誌は最新号が一二巻一号となっている。なお、常任理事は、山中康裕理事長に河合隼雄、樋口和彦、岡田康伸、東山紘久、弘中正美を加えた六名である。

3　日本における箱庭療法の未来

右に簡略にみてきた日本箱庭療法学会の今後の予定について触れておくが、二十世紀の最後を飾って第一四回大会は東京の東洋英和女学院大学の織田尚生教授を会長に、同大学において、また、二十一世紀の初頭となる第一五回大会は、また海を渡って北海道の札幌学院大学の清水信介教授を会長に同大学において挙行されることがすでに決まっている。このように、一〇〇〇名を超える会員を基礎に、着実なあゆみを続けており、この動きは当分続いていくであろう。

さて、そうしたイベント的なものから少し離れて、ここ数年前辺りから進行しているわが国における箱庭療法にかかわる動きについて触れておきたい。

わが学会の名称は、「日本箱庭療法学会」であるが、このところちょくちょく、学会の名称を検討したらどうか、という案が提出されてきた。すなわち、箱庭療法の発展に触発されて、周辺にはたとえば山中康裕によるMSSM法や、MSSM＋C法などの描画療法、森谷寛之らのコラージュ療法、あるいは、粘土などさまざまな造形などを含む、種々のイメージ領域の治療法が発展して、単に箱庭に限らず、広範な領域をカバーするようになったからである。このため、一時、「イメージ療法学会」なる名称変更すら射程にのぼったこともあったが、いまは、それらを含めて、「ＨＡＫＯＮＩＷＡ療法学会」（無論、日本箱庭療法学会が正式名称であるが、本稿は外国向け英文が元原稿なので強調してこう書いたものである）の名で、全体を統括している現状である。やはり、箱庭療法の、日本の心理臨床における大きな貢献を記念してのことであると考えられる。

おわりに

ここに西暦二〇〇〇年のミレニアムの移行期にあたって、絶好の機会を与えられ、日本の箱庭療法の三〇年を振り返って、これまでに日本において見られた箱庭療法の発展史の概略を記してきた。これらが世界の箱庭療法の発展において何らかの寄与となることを期待して筆をおきたい。

文献（数頁にわたる程にあまりに膨大なので、代表的なものだけに絞る。）

1　河合隼雄「箱庭療法（The Sand Play Thechnique）――技法と治療的意義について」『京都市カウンセリングセンター紀要』第二巻、一～九頁、一九六五

2　河合隼雄編『箱庭療法入門』誠信書房、一九六九

3　カルフ、D『カルフ箱庭療法』河合隼雄監修・大原　貢・山中康裕訳、誠信書房、一九七二（D.M. Kalff, *Sandspiel*, Rascher, Zürich, 1966）

4　河合隼雄・山中康裕編『箱庭療法研究』1～3、誠信書房、一九八二、一九八五、一九八七

5　『箱庭療法研究（*The Archives of Sandplay Therapy*）』1～12、一九八八～一九九九

6　カルフ、D『カルフ箱庭療法』（新版）山中康裕監訳、誠信書房、一九九九（D.M. Kalf, Revised by Mrtin, Kalff : *Sandspiel*, 1996）

7　山中康裕編『H. NAKAI　風景構成法』岩崎学術出版社、一九八四

8　山中康裕編『風景構成法その後の発展』岩崎学術出版社、一九九六

付記

一九八七年と一九九〇年の二回にわたって、京都で国際学会ＩＳＳＴ（第七回と第一〇回、いずれも河合隼雄会長、山中康裕準備委員長）を開いたことに触れなかったが、このことに関しては、国際会員の方々は先刻ご承知のことと思うので、割愛した。

7 アメリカ合衆国 UNITED STATES

一九九〇年のドーラ・カルフ逝去後の箱庭療法の歩み

ケイ・ブラッドウェイ

ドーラ・カルフが亡くなったとき、私たちはまさに〝歩き始めた子ども〟だった。一九八八年に〝アメリカ箱庭療法家協会（Sandplay Therapists of America）〟が創立されたとき、公式に一一人のきょうだいが誕生した。ドーラが亡くなって二年後には、メンバーの数は一七人になっていた。

われわれを遺して母がいなくなってしまったときは大変だった。彼女は単に独り立ちしたばかりの学会にとっての〝母親〟であったばかりではなく、彼女に箱庭療法のスーパーヴィジョンやコンサルテーションを受けていたわれわれの多くにとってもまた〝母親〟であった。

彼女を知ったことを祝い、彼女を失ったことを悼むため、われわれは一九九〇年二月一一日に、カリフォルニアのボデガ湾で集いをもった。メアリー・ジェーン・マーケルとジャネット・タートゥムがこのイベントを組織し、ドーラ・カルフを記念するチベットベル・コンサートのための作曲およびプロによるレコーディングを手配した。このコンサートに参加したのは、箱庭療法家協会のメンバーだけではなかった。レクチャーや個人的な接触を通してドーラ・カルフから影響を受けた、その地方の多くの人々もまた参加した。

われわれの会員数は着実に成長してきた。一九九〇年の始めには一七人だったのが、一〇年後には七〇人を超えた。この割合で増え続けるとすると、二〇一〇年には会員は三〇〇人近くになるだろう。

アメリカ合衆国の地理的面積は広大であり、さまざまな困難のもとにもなるが、またわれわれの財産ともなる。それは、国際的な学会に所属して経験することそのものなのである。すなわち、多様な文化、多様な経験、多様な価値、言語でさえも、少なからず多様なのである。そう、人々は合衆国の異なる地域ごとに異なった話し方をする。異なる語彙、異なるアクセントで。

一方で、問題はコミュニケーションにおける困難（部分的にはエレクトロニクスの発展によって改善はしている）である。すなわち、合衆国の多くの地域でトレーニングの機会が不足し、会合に集まるための費用がかかり、一部の地域の会員が有利だということから起こる不平不満——カリフォルニアは会員数やトレーニングの機会が飛び抜けている——などである。とくに、北部カリフォルニアは、合衆国内でも、ドーラ・カルフが数多くのワークショップを催した場所でもある。

そうした問題の幾つかは、(1) SEN (Sandplay Events Newsletter 箱庭イベント通信)、(2) 箱庭療法学会誌、(3) 地区学会、(4) 国際会議、(5) 研修プログラム、(6) 箱庭集中訓練コース、(7) STA (Sandplay Therapy of America, アメリカ箱庭療法協会) とその新聞「リンク (Link)」、(8) アウトリーチ・プログラム、(9) ウェブサイト、(10) 年一回のSTA役員の交替、において扱われている。

1 SEN

SENはアメリカ北西部箱庭療法学会グループの発案になるニュースレターで、ボニー・マクレーンが編集長である。ドーラが亡くなる二年前、見開き二ページの創刊号が発行された。一九九〇年の第三号には、すでに七ページになっており、一九九〇年一月一五日のドーラ・カルフ逝去の告示が載せられた。彼女にこの号を捧げるに当たって、ボニーはドーラの葬儀における追悼文の引用を載せた。

> 他者の人生へと至る彼女の道行きは、彼女の人生そのもののようです。すなわち、静かで勇敢で、愛に満ちています。深い感謝を込めて、私たちは彼女に別れを告げます。

一九九八年の四月には、STA（アメリカ箱庭療法協会）がルアナ・ローランドを編集長として、SEN発行の責務を引き受けた。

SENは、全国的にも、最近では国際的にも、購読者の多くにとって、箱庭療法の催しを知る貴重な情報源となっている。これから開催されるカンファレンスのような催しばかりでなく、コンサルテーション・グループやその他のトレーニングの機会のような継続して行われている催しについての情報も含まれている。SENに載る継続中の催しの数は一九九〇年のドーラへの献呈号以来、一三から四〇に増えている。

SENには、読者に出版、研究、研修、その他の関連ニュースを知らせる〝ネットワーク〟と呼ばれる部門がある。その情報はアメリカ合衆国に制限されておらず、他の国々からのニュースも含まれている。

2　箱庭療法学会誌

箱庭療法学会誌は、ローレン・カニンガムの夢だったが、ついに一九九一年に創刊された。それはひとえに彼女の編集長としての才によるものであった。創刊号には、ドーラの『青本』として知られているものに収録されている「箱庭療法への招待」が再録された。同じ号には、ハリエット・フリードマンとリー・ロジャーズ・ミッチェルによる「ドーラ・マリア・カルフ――人生と仕事との関わり」と題された論説が掲載されている。最初の年の第二号では、ローレンは、ドーラによる「『きつね物語』における野うさぎの意味」にジャネット・タートゥムによる紹介文を付けて再録した。

学会誌は一年に二度発行されており、理論的研究および論文の紹介とともに、箱庭の多くはカラー写真付きの事例研究報告が掲載されている。第八巻には、アメリカ合衆国およびその他の諸国の著者による一三〇編以上の論文が掲載された。

学会誌の編集委員会には年々何らかの変化がある。現在の編集委員会は、編集長のローレン・カニンガム、国際担当編集委員のジャネット・タートゥム、イメージ担当編集委員のグレッツェン・ヒージマン、そして副編集長のジョイス・カニンガム（ローレンとは関係なし）らによって構成されている。編集顧問としてはイタリアのアンドレイーナ・ナヴォーネ現理事長や日本の河合隼雄、山中康裕らを含む異なる五カ国から代表が出ている。

多くのSTAの会員には、学会誌への寄稿のみならず、過去一〇年間に以下の著作がある。カレン・A・シグネル『こころの叡知』（一九九〇）（訳注：邦題『女性の夢』誠信書房、一九九七）、リー・ロジャーズ・ミッチェルおよびハリエット・S・フリードマン『箱庭療法――過去、現在、そして未来』（一九九四）、ケイ・ブラッドウェイおよびバーバラ・マッコード『箱庭療法――魂の静かな仕事場』(一九九七)、ケイト・アマトルーダおよびフェニックス・ヘルム・シンプソン『箱庭療法――聖なる癒し・象徴的過への導き』(一九九七)、ギタ・モレナ『オズの智恵』(一九九八)。ドーラが亡くなる前の一〇年間に初版が発行された、STAの会員による箱庭に関する二冊の著書が、九〇年代に再版された。エステル・ワインリブ『自己のイメージ』、ケイ・ブラッドウェイ、カレン・シグネルおよびルー・スチュワート他の六人の共著者による『箱庭研究――起源・調査研究・実践』。

3　地区学会

箱庭に関心を抱いている人々にその地区での会合の場を提供し、また他の地区から助言者や講演者を招いてSTA会員とのセミナーやカンファレンスを開催するのに、地区学会は非常に貴重である。グループの多くが、会員にニュースレターを配布している。そのような地区学会の最初の一つはミネソタのバーバラ・ウェラーによって結成されたミネソタ箱庭研究グループである。ほぼ同じ時期に、北西部箱庭研究グループがオレゴンのボニー・マクレーンとワシントンのグレッツェン・シージマンおよびルクレチア・ディヴァインによって結成された。九〇年代以前に結成された三つ目の地区グループ、フロリダ箱庭療法協会はリンダ・バースによって始められた。一九九〇年の春までに設立された地区グループには、南東部箱庭グループ(アラバマ)、サンディエゴ箱庭グループ、ハワイ箱庭ネットワーク、そしてニューメキシコ箱庭グループがある。ドーラ没後の一〇年間には、アメリカ合衆国では以下のグループが加わった。ロサンゼルス箱庭協会、北部カリフォルニア箱庭学会、サクラメント箱庭研究グループ、コロラド箱庭療法協会、ジョージア箱庭療法協会、ハワイ箱庭評議会、アメリカ中央箱庭療法家協会（イリノイ）、ノースカロライナ箱庭療法家協会、そしてテキサス箱庭学会。グループの幾つかは解散したり改名したりしているが、このリストは合衆国における箱庭療法への関心の拡大を反映している。

4　国際会議

ＳＴＡ主催の最初の国際会議は、バーバラ・ウェラーとミネソタ箱庭療法グループによって、ミネソタのセントポールにおいて、ドーラが亡くなる数カ月前に催された。一〇年の間にさらに四つの国際会議が行われた。すなわち、一九九二年にはカリフォルニアのサンラファエル、一九九五年にはワシントンのスカマニア、一九九七年にはカリフォルニアのアシロマ、そして一九九九年にはテキサスのオースチンにおいてである。これらの会議は、会員であるなしにかかわらず、箱庭に関心を寄せる人々にとって、他の人々と出会い、話を聴き、現場で活動するセラピストたちと影響しあう機会となった。つい最近のオースチンでの会議には、アメリカ合衆国の五〇州のうち三三州からの参加に加えて、カナダ、メキシコ、ブラジル、そして日本からの参加を得た。

参加者リストによると、最初の箱庭国際会議に一六八人の人々が出席している。

5　アメリカ合衆国における研修プログラム

研修のための箱庭の特別プログラムが登場したのは、一九九二年のことで、カリフォルニアのサンラファエルのマリン児童治療研究所で、マリー・キャピトロによって始められた（箱庭および子どものセラピーに関する二年間の研修であった）。一九九三年にはカリフォルニアのパロアルトの箱庭療法訓練研究所が、ルアナ・ローランドとラヴォン・ボボによって共同設立された。後に設立されたその他の研修プログラムとして、ミネソタおよびジョージアのものがある。

6　箱庭集中訓練コース

箱庭集中訓練コースは九〇年代になって盛んになった。それらのコースはＳＴＡの講師陣とともに、比較的小さなグループで六日間のトレーニングの機会を提供するものであった。それには全米からはもちろん、合衆国以外の二〜三の国からもセラピストたちが参加した。最初の箱庭集中コースはロイス・グラッドウェルによって考案され、一九九四年の八月に催された。彼女はカリフォルニアのモンテレーに近いアシロマ会議センターをこの集中コースの会場として選んだが、そこは引き続いて次の二回の集中コースの会場となった。第二回の集中コースは一九九八年にＳ

TAの会員たちのグループ、すなわちケイト・アマトルーダ、ルシア・チェインバー、マリア・エレン・チアナ、ローレン・カニンガム、グレッツェン・ヒージマン、ジャネット・タートゥム、そしてジュディ・ザッパコスタらによって催された。

第三回の集中コースは、マリー・キャピトロ、バーバラ・ミリエロ、ギタ・モレナ、ヴァージニア・ローズ、そしてアレクサンダー・シャイアらによって一九九九年に組織され、催された。

7 STAの特別会員

STAは早くから、STAの非会員であるセラピストたちのために情報を提供する必要があることを認識しており、非会員もSTAと関わることができるとよいと考えていた。一九九〇年にドーラが亡くなってすぐ、特別会員部門が設立され、パトリシア・ダン・フィアスティン、ジョー・マイヤー、そしてドナ・ジョンソンなどによるSTAの委員会が結成された。この委員会は一九九五年に「リンク」――STA通信――と呼ばれるニュースレターの発行を開始した。「リンク」はとくに箱庭のトレーニング、入会申し込み、資格検定過程における変更、そして地域のネットワーク作りに関する情報を提供している。STAへの申し込みによるその他の特典には、箱庭療法学会誌への予約購読およびSTA後援のカンファレンスへの参加費の割引などもある。

8　アウトリーチ・プログラム

アウトリーチ・プログラムは、トレーニングやコンサルテーション、個人的な仕事の追及や箱庭療法学会との関係作りに関心をよせるセラピストたちのグループを支援するために、一九九三年にルシア・チェインバーによって始められた。これは自分たちの地域にプログラムがなく、孤立感を抱いていたり、トレーニングを継続することができないでいる人々への恩恵となった。ベティ・ジャクソンはこのプロジェクトにルシアを参加させ、彼女らはルイジアナ、テキサス、ノースカロライナ、ニューヨーク、そしてイリノイにおけるトレーニングのためのグループの組織化を支援した。

9　ウェブサイト

これはローレン・カニンガムの先見の明であった。彼女は〝ウェブウェーバー〟の責任を引き受けたケイト・アマトルーダと共に、一九九七年にウェブサイト（www.sandplayusa.org）を創設した。それは全国的プロジェクトとして始まったが、しかし間もなく世界規模のものとして機能することが明らかになったので、www.sandplay.org と改称された。ケイトはウェブサイト上で幾つものセクションを組織した。すなわち、ＳＴＡ（箱庭の発展に関する発表）、会員（すべてのＩＳＳＴの会員は国ごとに、合衆国については州ごとにリストされている）、象徴（象徴についての調査研究がどのようになされるかを含む)、文献(英語および非英語の論文)、トレーニング、フォーラム(世界各国からEメールで箱庭療法についての質疑応答を送ることができる)、リンク(他のISSTのウェブサイト、ユング研究所、箱庭のカリキュラムを備える大学への接続を含む)である。

10 STA役員会の役員の交替

最初の役員の交替はドーラの没後二年目のことで、一九九二年一〇月にミネソタでバーバラ・ウェラーのもとで行われた。現在では、役員の交替は定期的に秋に、年一回の会員の集まりから次までの中間に行われるよう、予定されている。交替は伝統的に週末に、金曜日から土曜日の正午にかけて行われる。これはいろいろな問題について考えたり、それらがどのように解決されたらよいかをよく考える時間を提供する——夢の助けを得られる可能性が一晩与えられる。現在までにわれわれは五回、交替を経験している——すべて九〇年代のことである。

役員会の構造は過去一〇年間に変化した。幹事会から評議会になり、また幹事会に戻った。エステル・ワインリブが最初の会長で、組織の胎動期の暗い羊水の中で、われわれを確実かつ情熱的に導いてくれた。一九九一年に彼女と私が副会長となる期間が始まったとき、われわれは熱情的に他の人々のために舵を取り、道を作ろうと準備していた。しかし、〝他の人〟はだれも会長や会計のような公的な幹事の肩書を求めようとはしなかった。したがってわれわれは、各個に指名されたリーダーなしの、四人の役員からなる評議会を結成した。そして評議会はエステルと私に、役員会における名誉会員の称号を与えた。最初の評議会はルシア・チェインバー、ローレン・カニンガム、メアリー・ジェーン・マーケル、そしてバーバラ・ウェラーで構成された。後に、評議会はサリー・デクスター・デューク、ハリエット・フリードマン、ロイス・グラッドウェル、グレッツェン・ヒージマン、そしてホリー・ジョンソンをメンバーに加えた。

評議会は六年間われわれをよく助けてくれたと思われる。今の役員会には四人の幹事、すなわち委員長、両副委員長、そして会計がいる。現在までの二人の委員長は、ハリエット・フリードマンとグレッツェン・ヒージマンである。役員会のメンバーは全会員によって選出される。

ＳＴＡへの入会要件は、一九九三年にＩＳＳＴが教育水準を付け加えたとき以来、過去一〇年間ほぼ同じであった。九〇年代の初めに、われわれは諮問委員会の審査を入会手続きとした。この委員会は、申し込み者が本人自身の箱庭過程とコンサルテーション時間の要件を満たし、二つの予備論文のうちの一本が受理されたときに、そのすべてを検分する。

天にいますドーラ、私たちは九〇年代にここまで成長しました。私たちは貴女の肉体的な存在を失ったのを寂しく思い続けていますが、貴女の精神と助けを今なお感じ続けています。私たちが新たなミレニアムへと入ろうとするとき、貴女は私たちにずっと付き添ってくれているのを確信致します。

（後藤智子訳）

8 カナダ CANADA

カナダからの寄稿

ブレンダ・ワインバーグ

ネハマ・バウムがトロントで箱庭療法の実践を始めたのは一〇年以上も前になるが、彼女は何年もの間カナダで唯一のISSTに認定された箱庭療法家だった。一九九一年には、彼女は最初の訓練グループをトロントで開始した。翌年には、ネハマの努力と、他に幾人かの箱庭に「召された（called）」人々の関心によって、カナダ箱庭療法学会（the Canadian Association for Sandplay Therapy, CAST）が設立された。ネハマは一九九三年九月から一九九九年八月まで、CASTの理事長であった。

CASTの創始にあたっての会議、「箱庭――魅惑の旅（Sandplay: A magical Journey）」は一九九三年九月に開かれた。リンダ・バース（アメリカ）、ネハマ・バウム（カナダ）、パオラ・カルドゥッチ（イタリア）、イヴォンヌ・フェデラー（カナダ）、マーチン・カルフ（スイス）、アドリアナ・マッツァレラ（イタリア）といった傑出した才能が集まった。われわれの最初の会議でのヨーロッパの発表者たちは、出席できなかったケイ・ブラッドウェイとエステル・ワインリブ（アメリカ）とともに、名誉理事会員を勤めることに同意した。

CASTの最初の集会では、学会の組織構造、目標、会員規約、理事会、訓練のガイドライン（一九九七年一一月に改訂）が制定され、ほどなく学会への入会手続きが行われた。

一九九四年五月には、河合隼雄（日本）が一連の小規模な講義を行い、訓練中のCAST会員にコンサルテーションを提供した。

一九九六年一〇月、CASTは第二の全国的会議、「箱庭療法における象徴と過程（Symbol and Process in Sandplay Therapy）」を開催した。第三の全国的会議「元型的過程における子ども――箱庭療法による発達と回復（The Child in Archetypal Process : Development and Recovery through Sandplay Therapy）」は一九九八年九月に開かれた。

一九九五年に、イヴォンヌ・フェデラー（スイスに帰国していた）とブレンダ・ワインバーグ（オンタリオ州）がISSTの会員に認定された。一九九六年以後、以下のカナダ人がISSTの認定過程を完了している――ジョアン・ネメス（オンタリオ州）、ニナ・ハーディ（オンタリオ州）、ビー・ドナルド（ブリティッシュ・コロンビア州）、シルヴィア・シモニイ＝エルマー（オンタリオ州）、ブレンダン・ハーディング（ニューファンドランド州）。現在のCAST理事には以下の会員がいる——ブレンダ・ワインバーグ（理事長）、ジョアン・ネメス（書記・会計）、ネハマ・バウム（前理事長）、ビー・ドナルド、ニナ・ハーディ、ブレンダン・ハーディング、シルヴィア・シモニイ＝エルマー、デニーズ・タンガリー（会員代表）。

CASTの訓練プログラムは一九九九年始めに生まれ、訓練はトロントとモントリオールで行われた。二〇〇〇年の始めには、ヴァンクーヴァーでの訓練が開始される予定である。カナダの他の地域での訓練の拡大は、要望に応じて考慮されるはずである。この訓練プログラムでは、ISST認定の必要条件の一部である一〇〇時間の理論的訓練を行うが、さらに、経験を積んでいて、認定過程を完了しなくても、すでに行っている実践の中に箱庭を統合したいという治療者のために、基礎的な箱庭の訓練も提供している。この二年にわたる一〇〇時間のプログラムは、年間に五回週末に構成されている。毎回の訓練は、体験的、理論的、臨床的な要素から成り立っている。

カナダの箱庭のコミュニティによる、一九九〇年代のほぼ一〇年の活動の締めくくりを飾るように、CASTは一九九九年八月一三～一九日、ヴァンクーヴァーでISST第一五回大会を主催した。多くのISST会員と、訓練を積んだ世界中の治療者たちが参加することによって、「〝創造の手〟における誕生と再生——新たな千年紀への歩み（Birth and Renewal in the "Hands of Creation":

Crossing the Threshold of the New Millennium）」と冠したこの会議は、われわれの心の中の元型的なエネルギーを集合的にも個人的にも死と再生に結びつけ、臨床的な問題や研究上の問題についての思考と議論を活気づけた。アボリジニの長老が会議の祝賀会にわれわれとともに出席し、心からの祝福を与えてくれ、知識を共有してくれるという光栄を受け、そしてブリティッシュ・コロンビアの荘厳な美に畏敬を感じつつ、ＣＡＳＴの会員は、その存在と能動的な参加によって寄与してくれたすべての人々に、感謝の意を表した。

「一九九〇年以後の箱庭」に関する個人的なコメント、回想、逸話を求めたところ、以下のような反響を得た。

ブリティッシュ・コロンビア州ヴァンクーヴァー、ビー・ドナルド

私は箱庭療法家の訓練において、個人的過程がもっている教える力に、とりわけ気づくようになった。私の人生の体験が、私が以前訓練過程で生み出したイメージを反映してきたことから、私はクライエントの内的過程と、その治癒と変容への潜勢力とを信頼することを学んできた。

オンタリオ州キングストン、シルヴィア・シモニイ＝エルマー

過去二年間私は摂食障害――拒食症、過食症、強迫的過食――をもつクライエントに取り組んできた。こうした人々との箱庭療法の体験において、症状の分類にもその症状の重さにも多様性のあることが示された。セッション間の明確な連関と次のセッションに進むために従うべきステップは認知・行動的な治療様式の領域においてはかなりよく呈示されているものの、この種のアプローチでは無意識の問題が看過されている。無意識の問題を安全にかつ抑制したかたちであつかうことができる箱庭療法と、認知－行動療法とを組み合わせることは、一つの研究課題であり、現在私たちはその可能性を探っている。

オンタリオ州トロント、ブレンダ・ワインバーグ

一九九三年、ツォリコンでの夏の箱庭セミナーに出席したとき、私は次のような夢を見た。それは個人的にも集合的にも、箱庭療法の重要性と関連性を私に強調するものだった。八月のヴァンクーヴァーでのＩＳＳＴの会議において、私はこの夢が顕現するのを体験した。

道は橋を越えており、それはカルフの家から、向こうの小さな公園に向かっている。私は橋の真中に立っており、道のかたわらにある大きな発掘場を見下ろしている。私のいるところからは、たくさんの人が働いているのが見えた。地下の見えないところにももっと多くの作業者たちがいるのがわかった。彼らはみなエネルギーと通信のシステムを修復し再生するために働いていたのだが、

それはツォリコンの町のためだけではなくて、全世界のためなのだった。畏怖のようなものを感じながらそこに立っているうち、私はゴルフボールほどの大きさのルビーを手にしていた（ルビーは私の誕生石である）。

（西　隆太朗訳）

9 イスラエル Israel

イスラエルにおける箱庭療法学会の歴史と活動——一九八〇年〜現在

バート・メルツァー

1 背景

一九八〇年に、バート・メルツァー、リナ・ポラート、イルヴィン・ショウの三人は、イスラエルのアシュケロンにある、子どもとその家族のための心理クリニックで同僚として働いていた。ショウ博士（一九九五年没）は格別熱狂的な性格の持ち主で、彼が死ぬ間際に見た映画、食事、本のどれもが彼の人生で最も意味深い経験であったと今日でも思っている。ある日彼はドーラ・カルフが著した箱庭療法についての本を入手し、彼らしい熱狂的ぶりで、この本を二人の同僚に薦めた。

リナとバートはこの最初の熱狂を砂、砂箱、治療設備を具体的に整えて具現化した。われわれは最初の箱庭療法室を設置し、各々が箱庭療法を行い、互いのケースについてスーパーヴィジョンを行って、イメージの意味をつかもうと試みた。われわれ仲間内のスーパーヴィジョンに加え、時には、経験豊かなユング派の分析家であるマリアン・バドランに依頼して、われわれが担当する子どもやイメージや箱庭の制作過程について、われわれとは異なった観点を提供してもらった。

われわれは、リナが国際会議に出席してケイ・ブラッドウェイに出会うまでの数年間、このように働いてきた。ケイを通じて、リナは箱庭療法のコミュニティの存在や、箱庭療法士たちの小さいながらも世界的な広がりをもつネットワークで開催される国際箱庭療法学会の存在を知ることとなった。われわれが聞いたところでは、この会議に加入するには、〝ISST〟と呼ばれるこの小さなグループの構成員であることが必要である。自分たちの小さな世界の外で行われている箱庭療法の存在に刺激され、われわれはスイスのダボスにおけるトランスパーソナル心理学会に出席した。ドーラ・カルフや河合博士(およびその他)が参加したときのことである。ケイとのさらなる親睦と、ダボスの会議での有意義な経験を機に、われわれはISSTの構成員となった。

ダボスでできたヨーロッパとのつながりを通じて、われわれは、ロンドンのジョエル・ライス＝

メニューインと知り合いになった。彼はＩＳＳＴの設立メンバーの一人である。彼は、われわれがさらなるスーパーヴィジョンや訓練を行ううえでの基本的な指針となった人物であり、イスラエルにおけるわれわれの駆け出しの箱庭療法グループを支える土台的存在であり、また鼓舞してくれる人物でもあった。われわれはイギリスとアイルランドの箱庭療法の協会の会員として訓練を受け、彼の家、彼の妻ヤルタ、イギリスの協会はわれわれの心理学的世界の一部となった。

われわれはイスラエルにおいて箱庭の使用を広げ、箱庭療法に関わる心理学者の年会でのワークショップを行った。リナがアシュケロンクリニックを経営していたときに、われわれは五つの箱庭療法用の部屋を持ち、一五人から二〇人の心理学者に対する訓練やスーパーヴィジョンをわれわれのうち三人が同時に行っていた。ここ一〇年以上の間に、われわれは箱庭療法に関する一年以上にわたる私的な訓練グループを幾つかもった。

2　現在の活動

三年前大きな転機がやってきた。われわれは箱庭療法を公立の病院と研究所に広げる目的で、研究と訓練のための助成金に応募して授与された。この助成金によって、公的な研究所の代表者を広範囲にわたる訓練プログラムに迎える機会が与えられ、箱庭療法の設備を発展させることができた。その結果として、イスラエルで最も箱庭療法を必要としながらもその機会に恵まれていない子ども、青年、大人に役立てることが可能になった。この計画は、身体的・心理学的な外傷の犠牲となった人々に従事する専門家の訓練に関わっている。ガン、生活を脅かす身体疾患、精神科施設での監禁、あるいは身体的な傷や外傷、これらのために重い障害を受けている青年、子ども、大人がわれわれの対象である。この計画の重要な局面の一つは、生命を脅かすような病気を持ち、さまざまな不安や死の恐怖と取り組まねばならないにもかかわらず、短い人生の間に抽象的な言語で自分の不安や恐れを表現する方法を学ばなかった子どもや若者を対象にしていることである。そのような人々は身体的統合の喪失に直面しており、新しい限界と新しい身体的、知覚的、心理学的現実に適応するうえでの内的な苦しみを表現する強い必要性をもっているのである。

同様に、精神科施設に入院している子どもや大人はしばしば、彼らの表現能力をはるかに超えたさまざまな虐待や拒否を受けてきた人々であり、こうした状況に極端な引きこもりや対人関係の切断によって対処してきた人々である。

われわれはもともと、三つの既存のグループから着手することにしていた。しかし、その反応は、われわれの最も楽観的な見通しさえも上回るほどのものであった。招待に応えてくれたさまざまな施設の中から参加制限を設け、すなわちスーパーヴァイザー的な地位にある年輩の人々に限り、他の幾つかの依頼については延期または断るという形で、五つの訓練グループに着手することになった。

イスラエル箱庭療法学会（ＩＳＴＡ）が運営するこれら五つの、三年計画の訓練グループは、子どもや青年、大人の治療や成長に携わる一九カ所の施設から来た年輩のスタッフで構成されている。進行している五つのグループのうち、二つはエルサレムにあり、別の二つは国の中心部にあり、残りの一つは国の南部にある（われわれは国の北部においては個別のワークショップを実施しており、将来仕事がそちらの方向にも広がっていくことを望んでいる）。

以下が、現在訓練プログラムに参加している一九カ所の施設である。

1　ハダーサー病院（エルサレム、エム・ケレン）
2　クファーシャウル精神病院（エルサレム）
3　エイタニン精神病院（エルサレム）
4　タルビア精神病院（エルサレム）
5　キリアト・ヨーベル思春期精神科クリニック（エルサレム）
6　シャルバータ精神病院（ホド・ハシャロン）
7　ニスジオナ精神病院
8　イチロブ病院、児童青年精神科（テル・アビブ）

9 ゲハー病院、児童青年精神科
10 ビール・ヤコブ精神病院
11 バルジライ病院、児童青年精神科（アシュケロン）
12 ベルトレビンシュテルン・リハビリ病院（ラーナナ）
13 〝聖ハーバー〟、児童青年家族精神科（テル・アビブ）
14 ラムト・チェン精神科センター、教育心理サービス部（テル・アビブ）
15 メバゼレト・ジオンクリニック
16 ビール・ツービアクリニック
17 シャフィアクリニック
18 南部政府教育庁、放課後治療プログラム
19 〝ケドマ〟ユースビレッジ、非行少年治療寮

現在の五つのグループのうちの一つは、ハダーサー病院の児童青年病棟である。このグループには、ガンや急性の身体的外傷、精神科的問題を抱えた児童青年に対して治療的援助を提供する部局が含まれている。児童部局長であるガリリ・ウェイスタブ博士は、ＩＳＴＡの会員であり、ＩＳＳＴの有力な候補者でもあるが、その彼女がこれらの子どもたちに対して、伝統的な精神科

薬物療法に加えて、箱庭療法を導入した。彼女および彼女の部下の心理学者であるアフバー・アーノン――アフバーもまた、ＩＳＴＡで箱庭療法の訓練を受けた経験があり、ＩＳＳＴの候補者でもある――の働きの結果（他にもわれわれの訓練を受けた者が含まれている）、ここの病棟にいたほとんどの子どもたちが箱庭療法の機会をもつことができるようになった。ときには〝可動箱庭療法室〟を用いることもある。これは、患者のベッドまで移動でき、また砂箱にすぐ手が届き、玩具を用いやすいように工夫された〝開放された〟部屋である。

どの施設も、二、三人の年輩の治療者を選び出した。五つのグループの中には、およそ七〇人の指導者、一六人の精神科医、三一人の臨床、教育、発達の心理学者、九人のソーシャルワーカー、一三人の芸術療法士、教育相談員が含まれている。われわれの側では、シャルバタ精神病院で箱庭療法に関して刷新的な仕事をしているルティ・フランクが際立っている。彼女は病院でその年の有能な働き手として病院賞を授与され、〝名誉功労賞〟――公的な仕事に対する献身的、創造的な活動に贈られる名誉ある国家賞――の候補となっている。主要な訓練プログラムおよびその関連プログラムに加え、われわれとともに箱庭療法の訓練を受けた後、現在独立して働いている専門家たちも大勢いる。リノール・シュタインハルトは年輩の芸術療法士であるが、われわれとともに訓練を受けた経験をもち、現在はＩＳＳＴの会員であり、箱庭療法の指導を行っている。

ミカエル・トルダートは、経験豊富な心理学者であり、ＩＳＳＴの会員になるための条件を達成しつつある。オルナ・メトリはイスラエルの教育機関で箱庭療法を行っている。リブカ・ペリーは、湾岸戦争のときに国のために働き、数年前のミサイル危機の間危機避難所において箱庭療法を提供した。

歴史的に見ると、重篤な精神疾患に対する箱庭療法の適応性が問われてきた。われわれの訓練プログラムが世界的な箱庭療法団体に対して行った貢献の一つは、箱庭療法を受けることのできる人口を、成人の慢性分裂病者にまで拡大したことである。援助として、また研究として、われわれの学生たちは、最も難しく耐性の弱い精神科患者たちへの箱庭療法使用について探求しているところである。私が思うに、この分野でのわれわれの発見は、興味深いものであると同時に議論を呼び起こすものでもあろう。

設立者略歴

リナ・ポラートは、教育および臨床の分野での心理学者である（エルサレムのヘブライ大学卒のＭＡ）。彼女はアシュケロンの教育心理クリニック部門で働いてきた。経験豊かなユング派分析家であり、イスラエルにおけるユング派協会のみならず、国際的なユング協会の一員である。指導やスーパーヴィジョンのほか、最近ではユング派の資格訓練委員会の議長を務めている。また、ＩＳＳＴの一員であり、イスラエル箱庭療法協会の共同設立者である。

執筆者略歴

バート・メルツァーは、臨床および発達の分野での心理学者である（マスのウォルチェスターにあるクラーク大学で博士号取得）。サンフランシスコ・ゲシュタルト協会でゲシュタルト療法の訓練を行っており、ロサンゼルス・ゲシュタルト協会とエサレン協会の会員である。以前は、カリフォルニアとニューヨークで、薬物防止プログラムに関わっていた。アメリカ心理療法士学会（American Academy of Psychotherapists）、およびアメリカ心理学協会の会員である。一九七八年から一九九二年までは、イスラエル教育省のスーパーヴァイザー的心理学者として、児童青年の治療に関わる訓練やスーパーヴィジョンを行っていた。また、ＩＳＳＴの会員であり、イスラエル箱庭療法協会の共同設立者である。

設立者と執筆者の共通項

リナ・ポラートとバート・メルツァーはいずれも五〇年以上の経験をもつ臨床および発達（あるいは教育）分野での心理学者である。彼らは以前、イスラエルの「対話の声（Voice Dialogue）」の指導者として同僚であった。一九八三年以降、彼らは共に箱庭療法について学び指導を行ってきた。二人とも箱庭療法士の国際学会（ＩＳＳＴ）の会員であり、イギリスおよびアイルランド箱庭療法学会（British and Irish Sandplay Society）に加入している。

注

マリアン・バドランは優れたユング派分析家で、児童青年の発達および病理を専門としている。ネヴェー・ツァルム(Neveh Tsallm)——健康な自我発達の心理学的過程に準じた、身体機能および心理学的プログラムを独自に行っている施設。イスラエルにおける感情的に障害を抱えた児童青年のための新しい居住型治療センター——の創設者。

(山森路子訳)

10 オランダ NETHERLANDS

オランダにおける著作活動を中心に

クレア・ボゥア＝シュトル
メアリー・ジェーン・マーケル

オランダにおいて箱庭に対する関心が初めて喚起されたのは、ウォウト・ブレイエンベルクがジョエル・ライス＝メニューインの『箱庭療法——素晴らしきセラピィ』を読み、同好の心理療法家の小グループに講演するよう彼を一九九三年に招待した時であった。その後まもなく、メアリー・ジェーン・マーケルが箱庭療法に関する本の著作と人々の訓練のためにアムステルダムにやって来た。彼女はまず、アムステルダムの「ユング・ソサィエティ同好会」でワークショップを開催した。これらの初期ワークショップから、最初のスーパーヴィジョン・グループがメアリー・ジェーンの指揮の下で形成された。

メアリー・ジェーンはそれ以来、オランダの各地で多数ワークショップを開催してきた。ドーラ・カルフが箱庭をいかに経験したかという印象がすべて得られるように、大抵のプログラムには彼女のビデオが含まれていた。

ウルシュラ・フォン・ゼルザムも何度かやって来てワークショップやスーパーヴィジョンを行った。彼女は東方地域の幾人かの会員に継続スーパーヴィジョンを提供した。

メアリー・ジェーンは現在、北部オランダの三つのスーパーヴィジョン・グループを指導しており、定期的に会合している。初期グループのメンバーたちは今、象徴解釈と症例報告を執筆するのに忙しい。

著作活動がオランダにおいては重要な活動である。メアリー・ジェーンは『砂、水そして沈黙――スピリットの具現化』という本のための原稿を書き上げた。この本は現在適切な出版社を待っている。われわれはすでに最近のワークショップで印刷原稿を手にすることができたが、この本がわれわれ自身の署名を加えて刊行されるときを切に待っている。

幾人もの会員たちが、国内外で箱庭療法に関する論文を書き、心理療法家たちに紹介したり関心を高めたりしている。イェレミー・ヘーズ＝シュタウトハマーは遊戯療法家のオランダ版ジャーナルである『シュピールブロッケン』に論文を書いた。題名は『箱庭療法――ドーラ・カルフの手法による箱庭療法』である。ウォウト・ブレイェンベルクは一九九七年版『分析的心理学学際誌』に論文を書いた。その題名は『箱庭療法――内的過程を通じた治癒とその描写』である。クレア・ボゥア＝シュトルは一九九七年に『カルフ箱庭療法』に論文を書いた。それは『実践的心理士ジャーナル』の中にロシア語に翻訳され出版された。

幾人もの会員たちが心理療法協会の会合において箱庭療法に関するプレゼンテーションを行ってきた。

オランダ認可委員会はついに一九九八年、箱庭療法のトレーニングを正統ISSTにふさわしいと認め、志願者に心理療法のライセンスが与えられることとなったが、かくしてこの年は箱庭療法にとっての勝利の年となった。

（クレア・ボゥア＝シュトル）

ここオランダでカルフ箱庭療法の新生に尽力する貢献を続けてこられた、ということは、私にとって大いなる喜びである。私がアメリカにいたとき、ドーラはかつて私が作った箱庭を眺めて、「たぶんあなたは一度ヨーロッパに住むかも知れないわね」と述べた。自ずから成就するまで、あれから何年にもなるが、多くの素敵なオランダの心理療法家たちと一緒に仕事できることは、私の人生の素晴らしい時期となった。私の夢はもちろん、このささやかな努力すべてがこれからの一〇年、オランダにおいてしっかりとしたネットワークに発展していくのを見守ることである。

（メアリー・ジェーン・マーケル）（廣瀬幸市訳）

11 台湾 FORMOSA

台湾における箱庭療法

グレース・ホン

台湾における箱庭の歴史に私も参加することができて、感謝の念と気持ちの高ぶりを感じている。一九九一年に私が箱庭療法の手ほどきを受けて以来、ずっと私はある夢を抱いてきた。その夢とは、私の故郷である台湾に、箱庭療法を持ち込むことであった。今やその夢は叶い、そのことにとても感謝している。先日（一九九九年九月二一日）、台湾はマグニチュード七・六の致命的な大地震に遭遇し、二千人以上が死亡した。そして、莫大な数の心的外傷後ストレス症候群を抱えることとなった。読者の中にはご存知の方もおられようが、台湾は世界最大のパソコン供給国であり、コンピュータ周辺機器（世界のコンピュータや電気機器に用いられるメモリーチップも含めて）においては、世界第三位のシェアを誇っている。ここで、台湾についての基本的な情報をお伝えしよう。

台湾（Formosa）は、一〇〇マイル（一六〇キロメートル）ある台湾海峡を挟み、中国本土からは独立した島である。日本とフィリピンとの間、東シナ海の南部、太平洋の西部、南シナ海の北部に位置している。一万三九〇〇平方マイル（三万六〇〇〇平方メートル）の国土を有し、人口は二二〇〇万人になる。台湾は、亜熱帯気候に属する。四、五カ月続く夏の間は暑くジメジメしており、冬はとても穏やかな気候である。識字率は九五パーセント以上で、六歳から十五歳の子どもすべてに、無料の義務教育が用意されている。台湾の主たる産業は、電子工業と織物、石油化学、プラスティック製品、機械、食物加工である。国民総生産（GNP）は二六二三億米ドル（一九九八年）にのぼり、国民一人あたりのGNPは一万二〇四〇米ドルになる。

約四年前、私は、台湾各地で入門編の箱庭療法を教える機会に何度か恵まれ、そこで非常によい手応えが得られてきている。しかしながら、アメリカで私が従事している仕事のために、台湾で行うこの任務は、非常に限られた基盤でしか行うことができない。私が台湾で休暇をとるときだけなのである。

およそ二年前のこと、希望の庭を意味するリーシン（Li-Hsin）という名の、クリスチャンの非営利団体に請われて、箱庭と遊戯療法、愛着についてのワークショップを運営することになった。リーシン財団は、若い売春婦や虐待を受けた女性の援助をしている団体である。若い売春婦の中には、年のいかない頃に、とても貧しい家族の手によって、売春斡旋人のもとへと売られ（当然非合法である）、非常に不運な人生を送っている者もいる。リーシンは、このような犠牲者や、新しい人生のスタートを切るにはあまり機会に恵まれていない女性や子どもたち、そういった人たちの援助に尽力している。また、子どもの性的虐待を防ぐ法律を通過させようと、政府に対する働きかけにも取り組んでいる。リーシンの主な支部は台北にある。台北は、台湾の首都で、大都市の一つでもある。台中や高雄（どちらも同じく大都市である）にも支部がある。私はこの三カ所すべてで、幾つかワークショップを指揮した。

こういったワークショップのあとでは、参加者の多くがセラピーに熱中し、自分の箱庭療法訓練を始めたいという願いを表現した。私はより頻繁に台湾へ旅行するようになり、数多くのソーシャルワーカーやカウンセラーにこういった箱庭療法訓練のプロセスを与えるため、より多くの時間を費やした。今では、十数人が箱庭療法訓練過程を完成させようとしている。この原稿が印刷される頃には、〝初心者のための箱庭セミナー〟を受け、スーパーヴィジョンのもとで箱庭療法を始めるものもいるだろう。彼らはとても能力が高く学習熱心であり、台湾における箱庭療法のパイオニアになることだろう。私にとっての次のステップは、台湾で箱庭の組織をスタートさせ、台湾での箱庭の教育と共育、学習に献身することである。

これがシンクロニシティであるのかどうかはわからないが、神の恩恵であると思っている。私は、ミネソタ州ミネアポリスにあるヘネピン群地方裁判所での、三〇年にわたる上級臨床心理士の職を終えようとしており、台湾に帰る予定である。台湾での時間のほとんどを、箱庭と臨床心理学の教育に費やすつもりである。その一方で、香港で箱庭を教えてほしいという招待状も受け取っている。香港には、箱庭の学習にとても関心を寄せているソーシャルワーカーと心理士が何人もいる。近い将来、箱庭療法の種が台湾から香港まで拡がっていくだろうと期待すると、希望と興奮で気持ちがいっぱいになる。台湾と香港の双方における箱庭療法の歴史の一部となる機会を与えてくれた神に、素直に感謝したい。

（山川裕樹訳）

12 オーストラリア、ニュージーランド Australia, New Zealand

オーストラリア、ニュージーランドでの箱庭療法——一九九四～五年を中心に

ユルグ・ラッシュ

一九九四年から一九九五年にわたるオーストラリア、ニュージーランドへの旅と、そこに滞在している間に出会った人々のことを、この二、三年というもの、私はよく思い起こしている。その時期、私は、アデレード、パース、そしてニュージーランドのオークランドにいるユング派グループの同僚を訪ねた。パースでは、私は、ユング研究所の客員として招かれ、父親元型についての講義——ロベルト・シューマン作曲「子供の情景」作品一五のピアノコンサートと共に開講された——を行い、最後に、箱庭療法についてのセミナーとワークショップをもった。オークランドにおいては、ユング財団の客員として、週末に、箱庭療法についてのセミナーをもう一つ開いた。

その当時、箱庭療法はこれら二カ国ではほとんど知られていなかった。現在、箱庭療法を実践している仲間が増えているのかどうかについては、私は知らない。一九九五年に開催されたチューリッヒでの国際分析心理学会（IAAP）大会で、メルボルンでこの技法を臨床実践に利用している女性に出会ったのだが、不運なことに、私は彼女の名刺を無くしてしまったのだ。

オーストラリア、ニュージーランドでは、ドーラ・カルフがツォリコンでわれわれに教えた古典的な設定でのワークショップは行わなかった。私は、人々が、無意識的に、砂や小さな玩具を使った象徴遊びの中で、初めての洞察を体験できることを望んでいたのだ。しかし、箱庭療法を行うグループのメンバーに、「保護された空間」のようなものが保証されるように、私は、ドーラ・カルフが薦めたことのいくつかを守った。これは、ユングがチューリッヒ湖で一九一一～一九一二年にしていた遊び（『ユング自伝』に述べられている）のように、自己体験的な研修により近いものであった。

上記の会合に際して私が考案した場の設定は、まず初日に講義またはセミナーを行い、次の日には浜辺でワークショップを行うものである。講義の中では、ナヴァチョスのサンドペインティングやチベットでの曼陀羅造形、日本での禅宗の修行の一つである小庭園といったその他の伝統も含めて、箱庭療法の歴史についての話をした。また、ベルリン児童精神医学会で行った、この療法に用いる箱に関する診断学的な研究報告の中から数枚のスライドを示した。

スライドは治療過程からのものではなかった。それは、聴衆が次の日に取り組むであろう砂のイメージにあまり影響を及ぼさないようにしたかったためである。

ワークショップには約一〇～一二人が訪れたが、参加者全員がいくらか治療的な自己体験をもった。われわれは、開放的な陽光の中、リラックスした雰囲気で浜辺に集まった。もちろん、場の設定は、伝統とは幾つかの点でまったく異なっていた。まず、われわれはグループであり、患者一人だけではなかった。次に、われわれは外におり、室内にはいなかった。三つ目に、そこには、私がベルリンから持ち込んだ約一〇〇個のミニチュアしかなかった。四つ目にわれわれの集まりはたった一回の体験で、長い治療過程の一部分ではなかった。そのため、私は、ワークショップの数時間を次のように計画した。

まず、人々に、私の持ってきたミニチュアに加えて遊べるよう、浜辺で貝、海草、石、魚の骨などを集めてくるようにいい、皆が使えるようにそれらを真ん中に運んだ。もちろん、全員が自分自身のお気に入りを砂の中から見つけてきて、素晴らしい素材がたくさん集まった。そして、われわれは大きな輪になり、ある種のグループ意識を創り出すため手を繋いだ。そのため、私は私自身では全部の責任を引き受けなかった。「自由で保護された空間」が他の参加者と共に創り出されたのだ。その後、私は「手順の説明（instructions）」を行った。それは、次のようなものである。メンバーそれぞれが、そこに砂のイメージを創りたいと思う「自分の場所」をあまり遠くないところに見つけ、チベット僧が外で曼荼羅を行う時のように、皆が四つの石、または四本の小枝を使って自分の「箱」のしるしを付けた。この「箱」は、テメノス、つまりサンドプレイのための保護された領域となるはずである。それから、私は彼らに、サンドプレイに四〇～五〇分を使うことができると告げた（時間の制限は、ファンタジーを限定するという理由から、保護された空間を創り出す材料の一つである）。終了後、メンバーは再び集合し、体験したことについて共に語り合うことができるようにした。プレイの間、私はメンバーからメンバーへ、あらゆる種類の問題の手助けをするた

めに目を配った。私は、西オーストラリアのパースやオークランドの風の強い浜辺というオープンな状況にあっても、セラピストの受容機能を働かせようと試み、その試みはとても効果的に働いたのだ!!

ここで筆を尽くしても足りないほど印象的で、こころの深層に触れるようなさまざまな箱庭が浜辺で作られた。遊びの精神に触れなかったものはいなかった。参加者のほとんどにとっては、それは、子ども時代以来の体験だった。

箱庭のほとんどが悲嘆のテーマ、つまり両親・子どもたち・失われた人間関係やヨーロッパという失われた故郷（あるケースでは二世代も前のことだった!）に対する喪のテーマを扱っていた。他には、実際あった転機や恋愛関係についてのイメージが表現された。ある若い女性は、自分のサンドプレイ作品にあらゆる種類・サイズの素敵な貝がらをいっぱいにちりばめた。それは、海の誕生の女神であるヴィーナスが現れたかのようだった。制作した女性は、女性の恋人を亡くした悲しみの最中にあった。彼女は、単為生殖を行うヴィーナス——母親元型の圧倒的な影響力から逃れよう

としているかのようであった。

参加者の中には、彼らのした旅の間に専門的な援助・支援を必要とした者がいたことを述べる必要がある。ひとつ例をあげよう。ある三〇歳くらいの若い男性は、ちょうど波打ち際にあたる砂が湿った場所を「自分の場所」として選んだ。そのすぐ近くに波が打ち寄せていた。もちろん私は彼に特別の関心と注意を払っていた。彼は丘を幾つか作り、砂を掘って小さなトンネルを作った。唸りを上げ永遠に動きつづける水に非常に近い場所で行っている静止不動の黙想のようであった。突然、大きな波が打ち寄せ、彼が作ったもののすべてを洗い流した。若者は座り込んで水をじっと見つめていた。私は彼に近づき、彼が精神病状態にあることに気づいた。彼は一言もしゃべることができなかった。私は彼の横に身をおいて彼が見ているものを見ようと試みた。彼自身の手で作り上げたものが洗い流されてしまった。砂の中には、小さな丘が二つだけ残されており、その真ん中に何本かの線が水で描かれていた。即座に、私は水が非常に美しく、また素晴らしく、ゆったりとした曲線を描いていることを理解した。洗い流されて平らになった砂と、残りの手で形作った丘の部分の乾いた砂が興味深い対照をなしてもいた。私は若者に言った。「今あなたはとても悲しい気分でしょう。それに、海があなたの砂のイメージを洗い去ってしまったのはまったく悲しいことです。夢のように往ってしまったね。海はあなたが砂で作ったイメージよりも強かったんだね」。しばらくして彼は言った。「僕が小さかったとき、僕はいつも両親の間にトンネルを掘っていた。だけど、そのトンネルは役に立たなかったんです」。またしばらくして私は彼に言った。「そのことは、今となっては、過去なんです。あなたのサンドプレイ作品が洗い流されてしまったのと同じようにね」。そう言いながら、私は若者の心の中の、深く混沌とした絶望と、それと同時に存在している何かが変化する兆しを感じた。私は続けた。「海は強い。でも、必ずしも悪くは無いんですよ。ほら、あなたの取り組んだ作品から生まれてきた素晴らしい線や形を見てごらんなさい」。彼の目は見開かれ、雰囲気は変わったかのようであった。彼が私の言葉を受け取り、意味を了解したと確認して、私は彼のもとを離れて他の参加者の方へ向かった。後には、彼は幾分リラックスし、波の遊びを眺めている様子だった。彼は自分自身で喪の仕事を行っていたのだ。

次の日、偶然にわれわれは出会った。彼は私にお礼を言い、また、サンドプレイが彼にとって大切で、役立つ体験だったと話した。彼は嬉しそうであり、私も嬉しかった。

この技法に取り組むすべての者が、共感と共転移という方法を用いて誰かの心の深みへと付き従って行くことが何を意味するのか知っている。それは厳しく静かな作業である。すべての介入――もし必要ならば――は、幾つかの分析的なレベルについて、何よりもまず状況の転移／逆転移的側面について、合理的に省察した後の直感にもとづいていなければならない。このような一日のワークショップでは、本当の分析作業をするには時間が足りない。現在となっては、私の介入は、あの若者の自己の癒しに何らかの関連がある反応だったといえるだろう。彼の箱庭において、二つの丘は彼の両親を表していた。彼は彼自身をトンネルの中に表現していた。彼が両親の意志疎通を可能にしようと何度も試みている間に、彼自身の自己は（ウィニコットが言うような）「偽りの自己」、つまり両親の葛藤を否定的に写し出したものとして形成されていたのだ。彼は日の光の下に決して現れ出ることなく地下道に棲んでいるかのようだった。その偽りの自己の破壊は、彼のさらなる発展のためには必要だったのだ。作業の破壊的な部分は海によってなされた。私は、若者に従って悲嘆と絶望の中へと入って行ったのだが、そこで、私がもつ知覚機能をも用いることができたことをとても嬉しく思った。すなわち、作品を洗い流した波が、絶妙に美しい、新たなイメージを生み出していたのが見出されたのだ！　最後に彼に行った介入の際、私は、精神病的な混乱を阻止するために美的／自己愛的なレベルに言及したのである。私は、無意識（海）が何か新たなものを形作ったことを示した。砂には、新たな、すばらしい曲線が描かれていたのだ。私は、なんとか海元型のもつ超個人的な調整の役割を用いようと試みたのだ。すなわち、生命が破壊され誕生してくること、そして退行し進化すること――。

個人的な作業を行う人々の器（container）となるのは困難なことである。パース、オークランドでは、ほとんどの人が、自分のイメージの世界を、箱庭を通じて初めて体験した。多くの場合に、人生早期からのテーマが再浮上しているようだった。たぶん、彼らが私に対して、ヨーロッパのユング派分析家としての投影をした結果、遠い昔にあるヨーロッパとの血縁関係が大きな役割を果たしたのだろう。それに関して、私は多くの興味深い話を聞いたが、たとえば、第三世代目のオーストラリア人であってさえも、時に、オーストラリア本土の木ではなく、ヨーロッパの木々を夢にみることがあるのだそうだ。

一日のワークショップ（そして、後に行ったベルリンやイタリアでの同様のグループ体験）の後、私は、「二日目」がとても意味のあるものになり得ることに気づいた。二日目のサンドプレイは、めったに一日目ほど深いレベルへとは進んでいかず、しばしば、より深いレベルのエネルギーを「定着させるもの（fixatio）」として働く。それは、しばしば、分析家の存在によって保護された空間がいまだ提供されている間に、開かれた無意識の扉を閉じようとする「一種の儀式（ritedesortie）」となる。二回目の「堕胎の（abortive）」セッションの有用性を最初に述べたのはD・ウィニコットである。治療者には、助産婦のような治療的支えによって日の光の下に持ち出された、生きた素材に対する責任がある。もちろんこれはすべてのケースにとっての問題である、というわけではない。しかし、外科医が、開いた腹部を再び閉じないで手術室を離れるならば、それは罪となるであろう。体験を上手く閉じ結ぶことができれば、次回の無意識との出会いは、患者にとってはるかに容易なものとなるであろうから。

（私が気付いた）もう一つの側面は、自然、つまり風や鳥、太陽、そして貝がらや海草といった浜辺にあるものの中にある圧倒的な元型の存在である。そこでは、白色と黄色のきれいな砂の浜辺が無限に続いている。多くの投影や連想が可能であるのみでなく、自然の自律的な力が働いているのだ。自然は人を魅了し、また、人に地面という基盤を与えるものである。オーストラリアとニュージーランドで、私は、自然の力を怖れない、ということを学んだ。もちろん自分を（たとえば、太陽から）守る必要はあるが、自然の調整能力を信頼することも可能なのだ。私は、彼の地にあった、素晴らしい天の創造物を決して忘れない。それらの中には、こころの個人的なレベルに近いものもあったし、壮大な自然といった少し野生的で、途方もなく力強いものもあった。私と共に想像の世界を味わってくれた皆さんに感謝している。私にとって、それは忘れがたい体験だった。もう一度やってみたいくらいなのだ！

（秦　真理子訳）

＊写真は一九九五年にニュージーランドにて筆者が撮影した。

13 ブラジル BRAZIL
ドーラ・カルフ亡き年月

アイシル・フランコ

私は名誉なことに、ブラジルを代表して国際箱庭学会に対して寄稿するよう要請された。この仕事によって私の心は大きく動かされた。しかし、私は次のことを指摘しておきたい。ブラジルは大陸の広さをもつ国家である。たとえ、箱庭療法の発展という限られた領域であっても、たった一人の声がブラジルの多数派を代表することはできない。したがって、これから述べることは、私の二三年間の心理臨床家としての経験から生じた成果としての一つの見解である。この間、私は、サンパウロにある心理相談所での仕事と並行して、教育とスーパーヴィジョンを行ってきた。

私の知るところでは、ブラジルにおける箱庭療法の歴史はドーラ・カルフが亡くなる以前より始まっている。それゆえ、われわれがこの歴史を多少なりと書き残すことには、それだけの価値がある。私には、ツォリコンにおいて、私がドーラ・カルフと最後に出会ったときのことを報告しながら過去を顧みるのが最善の立場であると思われる。一九八六年、私はスイスの友人のもとを再度訪れた。その折に私は、保養のための時間と仕事を充実させるための時間とを併せもっていた。

その折私にはある特別な任務があった。すなわち、私はブラジルの心理学者グループによって書かれた手紙の運び手だったのだ。その手紙は、カルフの著書をポルトガル語訳で出版することについて、彼女の認可をいただきたいというものであった。

私は、今日になっても、彼女の実に真剣な顔つきを覚えている。そのとき、彼女はじっくりと手紙を読むと再び折りたたんで封筒に戻した。彼女の手は、八二歳という年齢そのままの特徴を示しながら、なおも大変しっかりしていて表情豊かであった。カルフのブラジル人グループに対する返答はまた、彼女の信念をよく示すものであり、私の心に永遠に刻み込まれた。「私の知らない方たちの翻訳も、私を無視するやり方で箱庭療法を用いる可能性がある方たちの箱庭療法使用も、許可することはできません」。カルフはじつにきっぱりとしていた。けれども、さらに大変尊敬することに、彼女はこの立場が正当である理由を述べたのだ。彼女は私に対して、彼女の統制をはるかに離れた場所にまで、そしておそらくは彼女の基本的なルールに反する形で、自らの手法が拡がっていくことについての懸念を事細かに説明した。彼女は、セラピスト自身が自分の箱庭過程を経験していくことの必要性を力強く強調した。そして長い時間、われわれはこのことがブラジルにおいていかに難しいかを話し合った。というのも、ブラジルではほとんどの分析家がまだ箱庭療法学会から認定されていなかったからである。当時、ごくわずかな人だけが留学し、その中のごく少数が知識を交換して利用することができたにすぎなかった。カルフはこの数が増えるべきことを認識しており、新しいセラピストを訓練するためにブラジルに行くことを彼女自身がどれほど強く望んでいるかを私に話した。彼女はブラジルに関して多くの質問をし、ブラジル固有の美しい自然に関する知識を示すようなコメントをした。実際にわれわれは、熱帯の自然が人々の行動にいかに違った影響を与え、それゆえ箱庭の表現にはどのような影響があらわれるか、枝葉にわたって違いを識別しあった。カルフはもはや自分がそれほど遠くまでは旅に出られないことをたいへん悔やみながらも、彼女の息子のマーチンが代役を務めうることを私に知らせた。これが実現していたなら、その後、版権はおそらく許可されたことだろう。

私はこの会談を終えて、私自身にグループ形成に関する責任があるのだという確信を新たにしたのである。しかし、それに加えて、カルフから提案された慎重なやり方で、ブラジルにおいて箱庭療法を拡げていく決意を固めた。そのとき以来、私は、学生やクライエントの行動における地域的な影響に関心をよせてきた。おそらくこの瞬間に、私が〝ブラジルの箱庭風景〟と呼んでいるもの、およびそれらの典型的な象徴を研究するという夢が生まれたのである。

カルフの著書に関して、私は彼女の返答をグループに持ち帰った。われわれはいまだに版権を得ていない。実際、遺憾なことに、ワインリブの著になる書が現在までにポルトガル語に訳され出版された唯一の本である。一方では、それだけが唯一の理由ではないが、確かに、必要な引用文献が不足しているため、ブラジルのユング派分析家の間では、技法のより大きくより適切な発展が遅れている。なぜなら、入手できる英語やドイツ語の文献は未だ非常に限られているからである。他方では、カルフの配慮を理解することが非常に重要である。心理療法の一技法としての箱庭療法の発展に関して、数々の議論がなされてきた。

さらに、このような立場は、どのような技法を用いるにしろ、それを自分自身が深く学び体験することなしに、十分に用いることはできないという確信を表すものである。しかしわれわれは、さらに次のように認識すべきである。生み出された知識は、人間によって紹介されるものであるだけでなく、ある意味では、統制不可能に普及していくものである。したがって、翻訳を制限した結果として、無視できないほどの倫理的、観念的な様相が幾つか生じてきた。以上に述べてきたことから、カルフの観点こそがたいへん重要なのである。今、おそらく読者の方は、どのようにブラジルで箱庭療法が出現してきたのかということに思いを巡らせておられるであろう。

インターネットがなく、Eメールで本を買うことのできない時代を考えてみていただきたい。科学的発展の起源においては、遠方への高価な旅が、どのような科学についても発展の新局面を知るためのほとんど唯一の方法だった。同じことが、ユング心理学や箱庭療法の領域でも生じている。

七〇年代や八〇年代にスイスやアメリカまで行くことで、ブラジルの心理学者や精神科医の数名が箱庭療法を知るようになった。アイシル・フランコ、ドニーズ・ラモス、エリザベス・ジンメルマン、ファティマ・ガンビーニ、ウォルター、プリシラ・ベシャトなどがあげられるが、おそらく他にも広大なブラジル出身の人たちが多数いたであろう。そのうち数名は、今日ＩＳＳＴの会員である分析家と共に、治療過程を経験してきた。

この心理学者グループに対して、彼女の本を翻訳する権利を否定したカルフの態度は、当時に特有の配慮であったと考えられる必要がある。しかし、ともかくカルフの態度は今なおブラジルにおける箱庭療法の使用について、実に今日的ないくつかの側面に対する注意を呼び起こすものである。

したがって、カルフの没後一〇年について語る際、次のことを考慮する必要がある。箱庭療法はさまざまな専門家によって、すなわち、外国で箱庭療法を知るようになったり、自分自身の実践の中で自然に箱庭療法を用い始めたりした人たちによって、ブラジルに持ち込まれた。この技法は比較的単純に適用されるため経験的に激増していき、他の専門家たちが、自己製作過程を経験することなく、また、どの文献も参照することなく箱庭療法を用い始めた。専門家の中には、知識をより深めようと外国へ旅立つことのできた人もいた。しかし、そうでない専門家は、自分自身の手段で勉強しなければならなかった。たとえば、本を輸入したり、友人と共に学んだりしたのである。ユング派の分析家は、分析心理学の啓蒙において、また、とくに象徴に関心をよせながらの指導や事例のスーパーヴィジョンにおいて熟練しているのだが、彼らはさらに箱庭療法の講義とスーパーヴィジョンを提供し始めた。

それによっていくつかのグループが形成され、箱庭療法は分析心理学が教授されているさまざまな機関で教えられるようになった。実際、カルフの提案とは異なって、理論的な枠組みや科学的な認識について十分に配慮されることなく、箱庭療法の普及が進んだ。ここで言っているのは、カルフの基礎的ルールを尊重することによってだけでなく、さらに、箱庭療法が研究されて心理学的知識の進歩の中に統合される必要性によって、当然とられるべき必要不可欠な配慮という意味である。そういう配慮によって、箱庭の価値が小さな理論的な孤立集団（ゲットー）に限定されることがなくなるのである。

専門性が倫理的政治的な枠組みの中で実践されるとするならば、知識のあらゆる領域における研究には、現実が強要してくる挑戦も考慮されなければならない。この種の実践はまた、とくに大学の中で、自らを見つめて内省する場を必要とする。大学は、今なお、さまざまな専門的な手続きの承認政策と、社会的要請を援助する公共政策の双方において、主な参照機関である。

ブラジルのような場合、すなわち、以前は植民地であって建国してまだ日の浅い国の場合、知識や技術や技法を、その適用の仕方を学ぶことなく輸入することは、忌むべき植民地的実践の再生産という周知の間違いを招く。心理学においては、個人経営クリニックにおける革新的な実践と排他的に結び付けられる専門性の間違ったイメージとは、余すところなく議論され、心身の健康への公共サービスへの巨大な社会的要請と向かい合ってきたのである。

この文脈では、箱庭療法と分析心理学は、一般的には、他の心理療法と同じように、このような内省がなされうる場を欠いている。偉大な挑戦によって、ブラジルの住民の本当のニードに従って、このような場を創造しそれを適切なやり方で探究しなければならない。わずかな例外はすでにある。とくに最近では、これらの研究の中には、いくつかの科学的会議で、国家的、国際的なレベルで、ブラジル人によって発表されているものがある。

二年前、ブラジル箱庭療法協会（PROTEJA）がサンパウロで発足した。これは、これらのテーマについて共通の関心をもつ臨床心理学者のグループである。このグループは主に、ブラジルのクライエントに箱庭療法を適用することを研究してきた。これらの専門家はカルフの考え方の範囲に従って、専門的なグループの形成と技法の公表に力を注いだ。それは遅々としており、また経費のかかる仕事であり、幾度も外国へと足を運ぶものであった。

一九九九年、PROTEJAは、初めてISSTの一会員、ルース・アンマンをブラジルに招いた。心理療法の技法としての箱庭療法の実践と導入について考えるための大きく民主的な場を創ることへの関心が、このグループには幾つもあった。したがって、講演は大観衆に対して開かれ、最大収容人数の聴衆がアンマンの話を聞いた。ＰＲＯＴＥＪＡはさらに、一〇人のよく知られているブラジルの専門家を招待した。かれらは、サンパウロおよびリオ・デジャネイロの二大学ないしユング派ブラジル協会に所属しており、心理療法や研究の中で彼らがさまざまに体験してきたことについて話した。このような動向には大変な努力が必要であり、異なる大学や教育研究機関の協力が必要であった。このシンポジウムはサンパウロで一五〇人の聴衆に対して開かれ、そのうち九〇人が心理療法家であった。リオ・デジャネイロ、パラナ、バイアのように、ブラジル国内の他の州にいる心理学者もまたサンパウロを訪れた。箱庭療法に関心をもつ専門家がこれほど多く集まったのは、このときが初めてであった。

このシンポジウムに対する国際的なレベルでの聴衆の反応は、ブラジルでこの技法がよく知られ普及していることを証明している。われわれは箱庭療法の臨床的な使用が広まっていることはすでに事実であり、緊急な配慮が必要とされていると考えた。たとえば、特定の文献の翻訳が、単なる言葉の上でだけ普及が進むのを防ぐために必要である。なぜなら、言葉だけの普及は時に、カルフによって創られたルールを損なうことがあるからである。

したがって、適切なグループの形成、内省する場、経験の交換、研究の奨励などが、ブラジルにおいても多くの人にとって懸案となっているように思われる。われわれが緊急にこれらのすべてを可能にするような状態を作り出すことが、とくにブラジルのような社会経済的な現実をもつ国々において、必要とされているのである。

心理社会的なブラジル人の要求が存在するという事実は、種々の専門的なフォーラムにおいていまだに議論されている題目である。われわれには次のように思われる。われわれは、豊かな国々がすでにそうしているようにすると、単に約束することはできない。たとえば、健康保険会社が箱庭療法を心理療法の一技法であると認識することを求めて戦うと、約束することはできない。実際に、ブラジルのような国では、保険会社はどのような種類の心理療法に対しても支払うことはない。われわれは、他の面の議論を優先しなければならない。人口の多数派がいまだに生きていくための基本的な保護を欠いているため、おそらくわれわれはたとえば精神保健の領野において予防と基礎的治療へのアクセスを保証するようチャレンジすべきだろう。おそらくこの現実に対して箱庭療法がどのような回答を行うのか、議論を始めるべきである。加えて、倫理的な見地や政治的な見地についての議論を開かれたものにする必要がある。たとえば、専門的な知識をもたない心理学者（あるいは心理学者以外の人）が、すでに箱庭療法を用いて幾度も基本的な心理学的な法則をおとしめていることについてである。さらに、長期的、拡張的な専門家養成への投資についても議論されるべきである。現実的には、専門家養成といってもまだまだ三流クラスである。

不運なことに、多くの場合、一流の専門性が不足している。

おそらく今は夢見る時であろう。われわれブラジル人は、箱庭を用いるセラピストの養成を支えるような、特定の文献の翻訳を夢みる。われわれはまた、国際的な標準をブラジルのニードに適合することができるような、地元の知識の生産を夢見る。われわれは箱庭療法を用いるセラピストの国際学会が、多様性を支持しそのための場を開くことを夢見る。われわれは、ブラジルにおいて、次の千年に向けて莫大な心理社会的挑戦を経験することが可能であると夢見る。われわれブラジルの箱庭療法家は、それらに目覚めたい。他の国々の協力で、自らをなおざりにすることがないようにしたい。われわれはさらに、一三年前のドーラ・カルフの、ブラジルにおける箱庭療法の発展に関する願いがいつか尊敬をもって認識される日が来ることを夢見るのである。

（中野祐子訳）

14 ラトヴィア LATVIA
ラトヴィアの箱庭療法

リンデ・フォン・カイザーリンク

一九九九年二月に、バルト三国の歴史上初めて、リガの一五人の家族療法家と二人のカウンセラーが臨床心理士の試験を受けた。第二科目として提示されたあらゆる治療技法の中から彼らは箱庭を選択した。このことは、この地にとって大きな心理社会的な意味をもつ。新しい同僚たちは、この専門分野における先駆者であるが、同時に、五〇年代に、ソヴィエトによる占領が唯物論的・生物学的な説明をよりどころにしていたという、そういう世界像を変革することにおいても先駆者である。

ラトヴィアは、バルト海沿岸諸国の真中の国であり――かつては栄えた農業・商業国であっ

た——バルト海の入江に沿って位置している。国境の半分は、印象深いモレーン、流木、二枚貝、そして琥珀に彩られた良質の砂浜から成る。自然の偉大なる箱庭である。占領時代、ラトヴィア人は、夜自分たちの浜辺にいくことを禁じられていた。海への立入りは、赤軍の権利として留保されていた。そうした事情で、外的な、そして「内的な風景」もともに、はなはだしく侵犯された。ソヴィエト連邦に飲み込まれた多くの他の国々と同じく、ラトヴィアはその独自性を失い、ロシア語で話し、考えることを強いられた。全家族の三分の一は二度の大きな大戦の波の中、シベリアへ無理やり連れて行かれた。一〇万人が西側へ逃げた。これは二五〇万の国民に対しては多い。それと引換えにロシア人が強制入植させられた。今日でもなお、ラトヴィアの住民の四二パーセントがロシア人である。ラトヴィア人とロシア人との間には、なお多くの和解への仕事を要求するであろう、つらい遺産である。

しかし、ラトヴィアは、それ以前から長い間列強諸国の手玉に取られてきた。スウェーデン人、デンマーク人、ポーランド人、ロシア人、そしてドイツ人が主導権を巡って争った。ラトヴィアの国中を西から東まで、ハンザ同盟に加入した商人の通商路が伸びていた。商業を統制する者が富む。ラトヴィア人自身が広範囲にわたって商業参加から排除された。それにもかかわらず、あらゆる時代にも彼らはその特色や言葉を守ってきた。このことは、とりわけ歌によってなされた。彼らの民族、日常、そして愛らしい自然神を女性の視点から物語った比類ない物語「女神ダイナス」によってなされた。ラトヴィアの文化がなお生きているのは、主に女性の、満ち満ちた信じられないほどのエネルギーと受難を忍ぶ能力のおかげであった。

歌いながら、われわれは生まれて、
歌いながら、われわれは生き、
歌いながら、われわれは死に、
そして、歌いながら、われわれは天国へと旅立つ。

鉄のカーテンが倒壊するより前に、ラトヴィアは「歌う革命」を起こした。

家族療法と箱庭療法はこの国の根にとてもぴったり合っているのだが、どのようにして、この国に入ってきたのだろうか。それは世紀にわたる歴史である。

七〇〇年の長きにわたって、この国は私の家族の故郷だった。家族は、一二〇〇年頃にドイツ騎士団とともに東へ移住したのだった。一九三九年のヒットラーとスターリンの間の秘密協定によって種族全体が根こそぎにされ、追い出され、無理やり連れ去られたわけだが、その協定はドイツ系のバルト諸国の人々にも向けられた。この運命が私を東欧と結び合わさせた。

無意識へと下降する夢に治療的に近づくのに、箱庭の比喩的な言葉以上に適切なものを私は何も知らない。ラトヴィアの同僚たちも、このことをすぐに理解した。根こそぎにされ故郷を奪われることは、家族の外傷体験である。それは長く残り、最新の研究が示すように、なお孫の無意識においてまで、しばしば不可解なメランコリー、落着きのなさ、そしてモチベーションの抑制といった形で姿を見せる。そうこうするうちに、わたしは、劇的な一連の画像を目にしたのだった。その画像の背後には運命が控えており、われわれの西洋の思考力を硬直させる。

祖母の日記を抱えて私は一九九三年に父祖の国へ行った。父祖の国のことはとてもよく知っていたが、まだ目にしたことはなかった。「昔の世界」に関しては何一つ残っていなかった。この国は骨の髄まで貧しかった。リガという町は、かつてヨーロッパで最も美しい若者の息づく町であったが、あたかも、きわめて長い間演じられることのなかった戯曲のための、埃まみれに朽ち果てた舞台装置のような印象を与えた。私の祖父の領地はもはや開墾されず、藪とあざみに茂るにまかせたままである。

ところが、そこに人がいたのだ！　新しい「ヨーロッパの時代」の幕開けへの期待を抱いて。この希望は実現されるだろうか。彼らは、そもそも自力でその希望に対してどれほどの貢献ができるのだろうか？　巨人たちに囲まれたちっぽけな国であり、その人口統計学上の数字は、じつに驚くばかりであった（ヨーロッパで最も高い自殺率、アルコール中毒症、七〇パーセントの離婚率、一〇〇の出生に対して一五〇の堕胎。住民の半数が貧困の境界線以下で生活している）。私の頭の中だけにあった故郷に対する私の役割や関係性は、いかなるものだったのだろうか？　何か提供できるものをもっていたのだろうか？

西側では、こういう国に心理療法を行う資金を調達するのは容易ではない。ラトヴィアでは、そもそも心理療法というものを知っている者が一人もいなかったし、西側では官庁がほとんど何も知らなかった。「なぜ、そもそも今ラトヴィアでそれが必要になるというのか？　ラトヴィアではまず、……が必要なのではないのか？」（西側の人は東側の人が必要とするものを常にとてもよく心得ているようである）。比較的少ないお金（ボッシュ基金と援助基金）と私の夫、家族そして同僚の多くの私的援助のおかげで、私はリガのファミリークリニックにおいて認定教育プログラムを開設し実施することに成功した。そこには医師、心理学者、精神科医、そして社会教育学者が参加し、最後まで、献身的な態度で、真剣に打ちこんだ。ラトヴィアの医師会とオスナブリュック大学は、その教育訓練を承認した。

ちょっといい感じの事件が、一度、空港の手荷物検査のときに起こった。税関職員が、私のスーツケースの中の大混乱を目にして、モニターを眺めたまま完全に途方にくれていた。蓋を開けなければならなかったのは、このときだけだった。一瞬の沈黙があった後、全員がどっと笑った。なぜなら、私のスーツケースからただ箱庭の人形ばかりがあふれ出たからだ（それらはラトヴィアでは買えないものだ）。

私は手荷物に人形だけ持っていたわけではない。しばしば私は、ドーラ・カルフが私に同行することを心に思い浮べる（たとえ彼女が今、どこに居たいと望もうとも）。彼女は、私と同じくらい旅好きだ。私はサンフランシスコで彼女と知り合いになり、後に彼女とラジオ番組に二本出演した。彼女からとりわけ学んだことは、注意を問題に向けるのではなく、資源に向けるということだ。彼女は、人間に対して、しっかり基礎づけられた土台と、倫理的な姿勢を獲得するよう励ましてくれた。ただ、次には、何かを思い切ってやってみるように、立ち止まらず、その人の個性の中で、世界を愛するよう勇気づけてくれた。私は一つの手法を開発した。それは、系統的な手がかりと分析的な手がかりを対立としてではなく、互いに豊かにするものとして登場させるのだ。無

意識の言葉は個人内的であるのみならず、間個人的でもある。それは言葉では理解できない。けれども、イメージや象徴において理解することはできる。人は、イメージや象徴を介して、無類のやり方で手法を創造することができるのだ。したがって、言葉を理解できない、あるいは不完全にしか理解できない他者の情緒や精神状態を、箱庭のイメージを仲立として理解することになる。この点は、他文化出身の夫婦や家族との仕事の場合には、十分に高く評価できる利益というわけではない。私はまもなくこの主題に関する仕事を公表する予定だ。一つの興味深い観点は、元型的象徴が、個人に適用された形でそこに姿を現しているということである。

目下のところ、しかし私はリガの箱庭療法の教育訓練のさらなる前進をいかに企画運営していけるのか、という問題に没頭している。いろいろな提案に感謝する。多くのプラクシスにおいて、今やすでに小さな箱庭の棚が置かれ、以前はあっさりしていた部屋の雰囲気を飾っている。しかし、これは始まりにすぎない。知識と理解の点で、はるかに多くのことが、なお付け加えられねばならないし、またそうなることだろう。ラトヴィア人、最古のインド・ヨーロッパ語族、は考える。自分たちは、インドを出て流浪し、バルト海へと到着したと。そのことに関しては一つ神話がある。彼らは、イメージと物語によく開かれていて、およそ二世代の時間を経て後、今まさに自らの歴史を再発見し、尊重し始めている。ヴァンクーヴァーにおいて、今年私は、じつにさまざまの国の箱庭に映し出された多様性を体験することができた。将来いつかラトヴィアの画像群もそこに加えられることがあれば、私にとって大きな喜びとなるだろう。

（足立正道訳）

第 2 部

わが国の国際学会会員の意見

1 世界に拡がる箱庭療法

樋口　和彦

ここでは、箱庭療法の発足から今日までを発展の歴史をたどりながら、私なりに、世界の箱庭療法を築いてきた人々の人物像を通して自分の眼鏡で見てみたい。もちろん、いつか又執筆の機会がくれば、改めてもっと詳細な、もう少し突っ込んだものを書きたいと思っている。今回は急な依頼でもあり、その余裕もなく、準備が不十分なままで筆を執ることになった。現在、国際箱庭療法学会の副会長を仰せつかっており、創立以来今日まで幾つかのことを見聞してきたこともあるので、今までにお会いした人々のプロフィールを通して、私の印象をここに書き留めておくことにした。いずれわが国の若い人々に、もっともっと世界で活躍して欲しいので、短い文章ではあるが後からの人のためにも、私がどんな学者の方々と交流してきたかの私的スケッチをこの辺で語っておくのも、この学会の将来のためになるであろうと感じた次第である。

1　ドーラ・カルフの時代

ドーラ・カルフは箱庭療法の生みの親として、国際箱庭療法学会の創設に欠かせない存在であることは誰の目にも明らかである。生前、彼女の住んでいた家がユングの家に近かったせいで、彼女自身とも、またその孫とも親しい接触があったようである。今でこそ子どもへの本格的なカウンセリングがあっても少しもおかしくない時代であるが、その当時はどちらかというと、ユング心理学は長く成人のための心理療法であると考えられていた。カルフはむしろユング自身から激励されたことがあって、この点をずっと誇りに思っていると聞いたことがある。質問されると嬉しそうに、たまたま彼女の家に立ち寄ったユング自身から、子どもの無意識を扱った療法がいかに大切かを教えられて感激したという話を、彼女自ら幾たびか話してくれた。

彼女はもともとオランダに住んでいた人で、若いときには音楽家として身を立てようと望んだらしいが、スイスに移り住み、われわれの間では知られた古くて由緒のある家、一説によると一四八五年に建てられたという言い伝えのある家に住んでから、最初は例のローウェンフェルドの「世界技法」にヒントを得たらしいが、それを心理診断に使うよりも、むしろ玩具や砂と遊ぶことで、子どもの無意識の力に訴えて、治療をすることに自分の療法を見つけようとした。早くからユング心理学の影響を受けて、当時は珍しかった子どものセラピストとしてチューリッヒ郊外ゾリコンにある自宅に治療室をつくり、ミニチュアの玩具を使った新しい心理療法を開発したのである。

私は彼女がこれを思いついたのには幾つかの理由があると思っている。第一は、スイス人はミニチュアの汽車、鉛の兵隊、家や動物などを使った遊びに古くから親しんできた、ということである。どの家の屋根裏や地下室にもそういうおもちゃがあって、しかも大の大人が先祖代々夢中になるというようなお国柄で、いわばこれはその国の伝統に深く根ざしていた。この点で河合隼雄がわが国にこれを紹介する時に、すでに古来からある伝統を考慮してドイツ語の Sandspiel を箱庭療法と訳したのは賢明であった。第二は、スイスは有名な教育学者ペスタロッチの時代から子どもの教育には非常に熱心であったことである。この教育熱心であり、家庭を大切にする点でもわが国と共通するものがある。第三には、彼女はチベットやインドを初め、東洋の宗教文化に特別に深い興味をもち、日常的にも自分の家の地下に自分のための東洋風の礼拝堂をつくり、毎日瞑想することを楽しみにしていた。ダライラマやその高僧たちもこの家をしばしば訪れていた。それらの体験を経て、自分自身との深い交流を通して、彼女の深い無意識に生き生きとした近親感をもっていたのである。したがって、スイスの子どもとの無意識にも容易に通ずるものがあった。しばしば、彼女のケースの箱庭療法の過程を見ていると、また、そのケースの転換点の箱庭を数多くわれわれにも見せてくれたが、彼女ならではの深い東洋的な洞察が感じられ、まったく言語的な説明の成り立つはずのない子どもとの間に、深い無意識の関係を成立させていてわれわれをしばしば驚かせた。

晩年、カリフォルニアでトランスパーソナル学会が開かれたとき、彼女はその会での招待講演で、彼女の生涯の箱庭のケースの転換点だけを示したスライドを立て続けに一五〇ケースも見せて、聴衆に深い感銘をあたえたことがあったのを憶えている。確かその会場で、わが国に由来した学会の人間国宝という称号をもらって嬉しそうであった。これは彼女がとりわけ知日家であって、いつも「もうこれが最後」と言いながら、簡単には数えられないほど「最後」をいいながら来日していたからであろう。そして、そのたびに精神的に霊的に成長してわれわれをびっくりさせた。

箱庭療法の国際学会（ISST）は一九八五年夏、彼女の古い礼拝堂であったとも言われる例の広間で、八回目の総会の後にシューベルトの「鱒」の演奏をもって組織され始まった。イタリアの現会長のアンドレイーナ・ナヴォーネやパオラ・カルドゥッチなどは早くからカルフのもとで薫陶を受けた人々である。当時イタリアから彼女の家の相談室に通って直々に手ほどきを受けた人々が彼女の後を継いだのである。

マーチン・カルフは彼女の子息で、もともとコロンビア大学でチベット宗教を学んだが、創立以来国際学会の書記として彼女を助け、没後も昨年まで国際学会の発展のために世界中を巡って発展に努められた。スイス人らしく多国語に堪能で、人なつっこい人柄であり、わが国にも何回も来られたので彼とは親しい人も多いのではないか。現在はスイスのユング研究所でも箱庭療法のクラスを担当している。現在は次第に各国の学会組織を基盤とする国際的な学会へと変貌する時期に遭遇しているように見える。

2　アメリカで活躍する箱庭療法家たち

アメリカでは、まず東海岸のニューヨークでカルフと親しかったエステル・ワインリブが中心となってグループが形成された。彼女は長年指導的な立場にあったが、最近では体をこわされた様子で、第一線からは身を引いているようである。創立時代からの指導者の一人であったので、近頃彼女の顔が見えないのは淋しい。現在アメリカの箱庭療法誌（*Journal of Sandplay Therapy*）というジャーナルの主幹でもあり、アメリカの箱庭療法を今日の盛況に育て上げ、現在でも中心になっているのは、今サンフランシスコのユング研究所に籍をおく、ローレン・カニンガムである。それに、キャサリーン（ケイ）・ブラッドウェイは彼女と共に箱庭療法学会の創立以来の有力なメンバーであり、さらにロサンゼルスのハリエット・フリードマンも加えねばならない。現在イタリアのアンドレイーナ・ナヴォーネ会長の下、このハリエット・フリードマンとスイスのルース・アンマン、そして私が副会長の責任をもっている。カルフはしばしばカリフォルニアを訪れては、彼女らのグループを指導してきたし、日本のグループの事情をよく伝えてくれていたので、太平洋の両岸はお互いに手をつないで今日まで発展してきたようにみえる。現在のところ、またヨーロッパとはひと味異なった発達の仕方、つまり人間的な結びつきも大切にするが、学会を組織する道をたどっていると私は思っている。今日では、亡くなったカルフを中心とした人と人の絆も大切だが、同時に個人的な関係以上に、組織化されたそれぞれの国の学会活動を中心にして多くの人々の関心をよび起こした点とは違っているように思う。現在、米国ではさまざまの場所に研究会をもつ部会があり、カナダとも協力して急速に発展中である。

しかし、われわれにとって忘れてならないのは、ハワイのチョニタ・ラールセンの存在である。やはりカルフの親しい友人で創立者の一人であり、ハワイに箱庭を定着させた貢献者である。京都で開かれた国際学会の折、彼女はケースを発表し、われわれに深い印象を与えてくれたことは記憶に新しい。また、この他に、彼女の友人であり、先年京都に滞在し、自ら高野山で真言密教を修行し、海外の人で初めての僧籍を得て、現在ではサンディエゴで箱庭療法を行っているシェリー・シェパードも忘れてはならない。彼女は一九八五年第九回トランスパーソナル国際会議が開かれた時に、会長のセシル・バーニイを助けて共に来日されたのを契機に、彼の若くしての突然の死後も、しばしばわが国を訪れている。彼女の長期の滞在の折には、直接に箱庭のスーパーヴィジョンを受けられた方も多いので、日本人の知己も多いと思う。ちなみに、このバーニイもカルフと親しく、国際学会の創立者の一人であった。これからという時に彼を亡くし、私にとっては惜しい人物であった。

二〇〇〇年の現在、今までの国際学会を再編成し、主として国際学会の中心にあって運営の任にあたっているのは、カナダの箱庭療法学会のネハマ・バウムである。昨年から彼女が新しく、マーチン・カルフ書記の辞任に伴って、これまでのさまざまな規則を整備し、新しい国際学会の拡大発展に向かってイギリスのマギー・バロンと共に奮闘努力中であり、将来その活躍が期待されている。彼女は昨年のカナダのヴァンクーヴァーでの国際学会を成功に導いた一人であった。

3 これからの世界の箱庭療法

これからの世界の箱庭療法について言及する前に、ヨーロッパの事情を簡単に述べたい。まず、お膝元のスイスの事情であるが、ユング研究所の教師陣の一人でもあるルース・アンマンを中心として、昔なら考えられないことであったが、現在チューリッヒの研究所でも、箱庭療法を勉強している人が増え、リサーチにも力を入れ始めている状勢である。マーチン・カルフも現在講師の一人として研究所でも箱庭療法を教えている。これからは、アンマンの活動が中心になってスイス、ドイツのドイツ語圏では発展していくだろう、来年の二〇〇一年には第十六回国際学会がスイスで開催されることが決定されている。現在、病気とつたえられるカスパー・キーペンホイヤーは来日の経験もあり知己も多く、一日も早い回復が望まれている。また、ハンブルクには小児科医のアレクサンダー・ベルゲスがいるし、またシグリット・レーヴェン＝ザイフェルトがシュトゥットガルトにいることも忘れてはならない。ロンドンには現在常任理事会の書記を努めるマーガレット（マギー）・バロンがいて各国の連絡に当たっている。じつはもっと多士済々の人物が世界には活躍しているが、残念ながら紙数の都合で今回は割愛せねばならない。

さて、これからの国際的な箱庭療法の発展を考える時、私には若干の所感があるので、これについてここで簡単に述べておきたい。第一には、一応このSandspiel（砂遊び療法）を日本語に訳すときに河合隼雄が箱庭療法と訳したことは賢明であったと先に書いたが、じつはこの意義はそれ以上であると思っている。その後の世界の箱庭療法の発展の歴史をみると、現在必ずしも、カルフが考えた方向にだけ行っているかどうか、いささか私は疑問だと思うようになっている。それは、カルフも来日のたびにワークショップをもち、彼女は東洋との出会いを通して一回ごとに自分自身が変貌し、われわれをひどく驚かした点にも関連している。私の心の深い所では、私は箱庭療法は必ずしもカルフの専売ではなくて、最初からこれは河合隼雄との交流の所産ではなかったかと思っている。つまり、わたしの力点は、これからはわが国で発達してきた箱庭療法をもっと世界に知らせる必要があり、それはどちらかというと解釈中心の技法ではない。もちろんその象徴の解釈の大切さを否定するつもりはないが、もっともっと底にある無意識の心的エネルギーの圧倒的な力を感知して行う療法を伝えるべきであるということである。カルフ自身も重視した心の深い層との関わりを、これからも世界が重視しなければ、やがてこれは力を失うだろうと思う。この点、これからの国際箱庭療法の流れは、それぞれの国々の特徴により重点をおきつつも、相互の交流に努めながら、お互い特徴を学びあうという方向を取り始めている折から、わが国の人々の国際的な貢献が一層必要になって来るであろう。

とはいっても、日本人にはなかなか困難な点も存在することは正直に認めなければならないが、これからは若い人の中には英語で発表する人も出てくるだろう。何とかそういう人々を援助しなければならないし、諸外国のジャーナルにも、こちらのよい論文を出してもらうようにできないかとも思っている。翻訳のための費用も必要とあれば、用意するよう訴えていきたいし、今年は、理事会の年で八月二四日からサンフランシスコ郊外で会議がもたれるので、いろいろな声を取り次ぎたいと思っているところである。

二〇〇〇年五月七日記

2　箱庭療法と訓練

岡田　康伸

カナダの国際箱庭療法学会で、グループ箱庭療法に関して発表したので、この点を中心に述べていきたい。日本においては、心理臨床家の活躍が認められつつあるといえる。阪神・淡路大震災後の臨床心理士の活躍や神戸の少年事件の子どもたちへのケアーなどでの臨床心理士の活動が評価されたからである。正直言って、日本のこころのケアーは非常におくれている。恥ずかしいながらまだ、この臨床心理士の資格も文部省認定の財団法人による認定資格であって、国家資格になっていないのである。国家資格にするための働きかけは鋭意試みられているが、なかなか壁が厚く成功していない。このような時、われわれがなすべきことは、臨床心理士が力をつけ、能力を高め、常に切磋琢磨していることである。臨床心理士は常に訓練を受け、資質を高めるように努めていなければならない。

筆者はこのような視点から箱庭療法を臨床心理士の訓練に利用しているので、カナダの国際箱庭療法学会ではグループ箱庭療法について、スライドとビデオとを使って発表した。メンバーの反応も多くあり、質問も多かった。リース・滝さんに筆者が理解できない質問を翻訳してもらい、なんとか理解しあえた。これは相談に来談したクライエントに心理治療の一技法として使うというよりも、訓練のために使うものである。なぜならば、グループ箱庭療法は個人箱庭療法と比べて、意識的な面が強いし、制作後の話し合いが重要であるからである。箱庭を作る時に体験したことをグループメンバーで話し合い、グループ体験も重要であると考えているからである。

カナダの発表を聞いたメンバーが外国でのワークショップで利用した時の様子を知らせてくれている。外国ではこの技法がどのように利用されるかを知ることができるので、この手紙から少し引用しておきたい。「やり方を少し変えて、同じメンバーで、二回、グループ箱庭療法を実施した。すると、一回目では、ぎくしゃくしていたメンバー間の関係が、二回目で意気投合したとか、絆ががっちりもてたなどの感想があった」という。外国の方が話し合いを入れるこの方法が適しているのかもしれないと思った。

視点を変えると、グループ箱庭療法の体験は一種の感受性訓練といえよう。日本の心理療法は、ロジャースの来談者中心療法からイメージを使った療法へと発展しつつあるといえよう。このような時、箱庭体験は、イメージを扱う基本的な態度や姿勢や意味などを体験的に学んでいけると思う。

箱庭療法を使った訓練の方法としていくつかのやり方を考えてきている。そのなかの一つに物語法というのがある。これは、すでに作られた箱庭の作品をもとに、メンバーがＴＡＴの物語つくりのように物語をつくる。この時、ＴＡＴでは、以前どうであったか（過去）、今どうであるか（現在）、将来どうなるか（未来）をいれて物語を作るように求められる。ここでは、使われた玩具をすべて使うように求められている。制作者にも、その作品をもとに物語をすでに作ってもらっており、それを朗読する。朗読された、制作者の物語はあくまでも一つの例であり、そのように物語を作ることを求められているわけではない。あくまでも一つの例である。制作者の物語を参考にいろいろな話し合いがなされる。これもセラピストの訓練のために考えだされたといえる。

また、箱庭の玩具を使っての自己像の探索もこころみている。これは、過去の自分にぴったりの玩具を一つまたはそれ以上選び出す。次に、現在の自分にぴったりの玩具を選びだす。次に、未来の自分にぴったりの玩具を選びだす。これらを元に、三人か四人ぐらいでグループになって、お互いにその理由を言い、話し合い、お互いに理解しあう。

日本の箱庭療法学会は現在、一四四一名の会員をもち、年二回機関誌を発行している。毎年一〇〇名ぐらいの新会員があり、八〇名ぐらいの会員が退会しており、二〇名ほどが増えている。この割合で少しずつ会員は増えつづけていくと予想している。また、機関誌も年三回から四回へと増やしていきたいと思っているし、また、それが可能とも思う。このような外的な発展を期待しているだけでなく、こころの時代が要求していることに、箱庭療法こそが適したものであることを世界の人々に示していきたいものである。たとえば、新聞の報道によると、虐待児の心理治療に箱庭療法が導入されることが決まったという。この例などは、箱庭療法が認められてきていることを示していよう。

こころの時代とよく言われるが、いったい何かとあらためて聞かれると困ることになる。筆者はこころの時代とはこころに関心が向いてきて、こころを大切に考えだし、やさしくなろうとしていることだと思っている。いままでがあまりにも物質的なことを大切に考えてきたことの反動として、こころが大切であることに気づき出したといえよう。このような時こそ一人一人が自分のこころに関心をもって、自分の道を考えていくことが重要である。この自分の道を考えていくことに、箱庭は役立つように思う。

日本の箱庭療法の特徴は、日本には伝統的な遊びの一つに箱庭遊びがあったことである。療法として確立されていなかったが、日本人は以前から遊びとして箱庭に親しんできていたのである。このことは日本で箱庭が発展していく時にも重要な役割を果たしたと思うが、さらに、日本の箱庭療法の将来を考える時にも、非常に大切になると思う。すなわち、日本人には相当箱庭に親和性があると考えられるから、箱庭療法はますます発展していくであろうし、たとえ、療法としての箱庭が廃れていっても、箱庭遊びとして生き延びていくのではないだろうか。箱庭はそれほど日本人と深く結びついているし、日本文化とも関係があるだろうからである。

箱庭療法の世界での将来はどのようなものであろうか。世界といってもその範囲は広くむつかしいが、アメリカを代表と考えるならば、地道にケースを続けていくことが大切であろう。アメリカは、なにか突飛なものが混じりやすい国という印象をもっているからこのような考えをもっているのだと思う。箱庭はなにか超越的なものがあるのは確かであるが、そのために、正直いって、アメリカでは迷信的な、いかがわしいことを主張する人も出ており、少々心配なところもある。

二十一世紀はこころの時代であろうから、箱庭療法がこころを大切にする人に少しでも役に立てればと思う。

参考文献

1　岡田康伸「心理療法家の訓練法の一試み――箱庭療法の物語作り法による」『甲南大学紀要文学編　六三　社会科学特集』一～二二頁、一九八七

2　――――「グループ箱庭療法の試み」『京都大学教育学部紀要』三七、一五五～一七七頁、一九九一

3　――――「箱庭療法の展開」誠信書房一九九三

3 新しい時代の箱庭療法への期待

織田　尚生

はじめに

依頼を受けて、箱庭療法についての原稿を書くことにします。心理療法の一技法としての箱庭ですが、まずこの技法とわたしとの個人的なかかわりを振り返ることから出発して、その本質はどこにあるのかということを考えていきましょう。

わたしが箱庭療法の存在を知ったのは、一九七二年ごろのことです。当時は精神科医として、ある公立の精神科専門病院に勤務していました。そしてユング派分析家資格を持つ分析家のところに通って、いわゆる教育分析を受けていたころでした。当時の生活は、正午まで病院で働き、すぐに車で駅まで駆けつけ、列車に飛び乗って関西まで出張し、夜間に分析を受け、そのまま夜行の寝台列車に乗って翌早朝に病院に帰り着き、その日の勤務につくというきびしいものでした。

箱庭療法については、病院の心理の先生が講習会などに参加し、とても熱心に取り組んでいました。やがて、公立病院からいったん大学病院に帰り、数年後にはふたたび地方の国立精神科病院に赴任することになりました。そこでは、わたし自身箱庭に直接手を触れ、自分で置いてみたりしました。しかし本格的に箱庭に接することになるのは、大学病院に助手として帰り、心理療法研究グループを組織し、数年間の活動を経て、一九七八年にチューリッヒ・ユング研究所に留学してからのことです。

1 ドーラ・カルフの箱庭療法

このときから、中間に二年間の帰国の期間をはさんで、一九八四年にユング派分析家資格を取得するまで、前後四年間のチューリッヒ生活が始まりました。この間のたぶん一九七九年には、ドーラ・カルフの自宅で、第一回の国際箱庭療法学会が開かれました。国際学会といっても、参加者は二〇名に満たなかったと記憶しています。そのころ彼女の自宅では、毎週研究会が開かれていて、それに参加したこともありました。

ユング研究所の最終試験と論文審査に合格して、分析家資格を得たのは一九八四年一月でした。それから同年の三月に帰国するまでの一カ月あまりが、わたしにとって、ドーラ・カルフとの箱庭を用いた分析体験の期間として残されていました。短い時間でしたが、彼女との数回の箱庭体験が、わたしの箱庭療法の原点になっていると感じます。その間に作った作品のテーマは、チューリッヒで生活し学んだ西洋的なものと、自分の血のなかを流れている日本的なものを、どうつないでいくのかということでした。その後の分析家としての仕事は、両者を何らかの方法で無理に結合させるということではなく、わたし自身のやり方で二つをともに生きることによって、こうした課題に取り組んできたように思います。

ドーラ・カルフとの箱庭体験を通して、また彼女の著書『箱庭療法』(一九六六)から学んだものの中で、わたしにとってもっとも大切なことがあります。それは、箱庭療法の場に生じる「自由にして守られた空間」、という考えです。この考えからは、彼女が箱庭を通して、心理療法の本質を理解していたということを知ることができます。なお、一九六九年刊行の『箱庭療法入門』(河合隼雄編、誠信書房)とともに、一九七二年に出た訳書(右の『箱庭療法』の邦訳。『カルフ箱庭療法』河合準雄監修、大原貢・山中康裕訳、誠信書房)は、わが国における箱庭療法発展の出発点になりました。

2　象徴解釈の問題

心理力動的な心理療法は、その基本にある、治療的な関係性と無意識的なものの意識化という、二つの動きによって進展します。箱庭療法も、決して例外ではありません。すでに述べたように、ドーラ・カルフは箱庭療法における心理療法的な関係性の重要性を知っていました。しかし残念なことに彼女は、事例検討などの場では、治療者と患者の面接場面での実際のかかわりのあり方に、触れることはほとんどありませんでした。いつも箱庭に登場するアイテムの象徴性が問題なのでした。

わたしたちが行う象徴表現と、治療的な関係性とは、相互に密接に影響しあっています。患者が行う象徴表現は、治療者患者関係に支えられて初めて成立するものです。両者の関係性は、治療者と患者による象徴形成を通して深められます。ですから、箱庭表現におけるさまざまなアイテムの、象徴性ばかりに注目するのは、この技法を一面的なものにしてしまいます。アイテムの象徴性を検討すること自体が目的となり、患者の癒しは忘れられるという危険性があります。

ドーラ・カルフはまた、治療者患者関係を表現するために、「母子の一体性」という表現を用いました。この言葉にも、わたしたちが気をつけなければ陥る危険性が含まれている、と言えるでしょう。子どもの治療においてわたしたちは、ともすれば、母親役割を取る、つまりお母さん代わりになることを強制されます。言葉を換えると治療者が「母なるもの」に同一化しやすいのです。「母子の一体性」という言葉には、わたしたち治療者に、中立性を逸脱させるという危険があるということです。

3 箱庭療法の特殊性

わたしは大学に勤務しながら、自分の面接室で、分析心理学による分析を行っています。相当数の成人患者たちのなかで、一部の人たちが箱庭を継続的に作成します。これまでは、箱庭療法を心理療法技法として位置付け、主としてその普遍的な意味を検討してきました。ところで、箱庭を用いなければ、患者が治療者に伝えることが難しいメッセージがあるでしょうか。関係性からも、象徴性という面からも、箱庭療法を、治療者と患者を媒介するための技法として捉えてみましょう。ある自己愛人格の患者は、箱庭を作成し、「今の自分のこころを、先生にわかってもらうために、この箱庭を作りました」と語りました。おそらくは、その時点時点で異なるのですが、箱庭という手段を使うことによって、「今ここでの自分」をもっとも表現しやすく、それを治療者にも切実に伝えやすいという場合があるのでしょう。わたしたちは、箱庭のもつメッセージ性に注目する必要があります。

箱庭について検討するときにとても大切なことは、容器としての性質だと考えられます。ユングの錬金術研究から見るなら、箱庭は錬金術的な容器に相当します。治療者が箱に向かって作品を作る患者のそばに立ち会うときに両者は、錬金術の容器を取り囲む、錬金術師たち、つまり達人とシスターの姿を髣髴させます。

4 錬金術的な容器としての箱庭

およそどんなことでも、新しい時代を迎えようとするときには、わたしたちは原点に帰る作業を繰り返します。分析心理学から箱庭を考えるときにも、その基礎をユングが重要視した、「錬金術的な容器」という視点から検討することは有意義です。

わたしは岡本智子とともに、心理療法における錬金術的容器について考察し、その本質について、次の三つにまとめています[(1)]。

(1)錬金術的な容器が面接場面に布置するときには、それは治療者と患者のこころに、同時的に生じます。(2)しかしこのような容器は、治療者と患者という二者関係のなかで、両者からある程度の距離をおいた、中間領域（第三領域）で体験されます。(3)錬金術的な容器は、治療者と患者の間の場に布置することによって、二人を容器のなかに収容して守るという機能をもっています。このような三つの特性のうちで最も強調すべきものは、三番目に取り上げた、守りの機能でしょう。なお、ユング自身は、錬金術研究を「今ここでの治療者患者関係」と対応させて研究することをしていません。

箱庭療法のための箱は最初、治療者と患者とのあいだに「もの」としてあります。この箱は、直ちに錬金術的な容器として機能するわけではありません。治療者と患者との関係性が深まり、しかも両者が「想像力」[2]を用いてさまざまな体験をし、それによって二人は、「親密であるにもかかわらず、互いに踏み込まない関係」を成立させます。そのとき初めて、二人の中間領域に、錬金術的な容器が布置するのです。このとき、すでに「もの」としての箱は変容し、いのちのある心理療法的な容器が、患者と治療者の間に存在しています。

引用参考文献

1 岡本智子「セラピストの想像力と錬金術的容器――青年期女子分裂病者の心理療法例」『心理臨床学研究』投稿中

2 織田尚生『心理療法の想像力』誠信書房、一九九七

第 3 部

国際学会非会員のカナダ学会報告

1　箱庭療法における自然と言語

2　第15回国際箱庭療法学会に参加して

3　国際箱庭療法学会ヴァンクーヴァー大会参加印象記

4　枠・時・自由・ファンタジー・ユーモア

1　箱庭療法における自然と言語

岡　昌之

一九九九年の八月に、カナダのブリティッシュ・コロンビア大学で開催された国際箱庭療法学会に参加して、いろいろ考えさせられることがあった。この国の自然環境と文化環境から受けた印象、および各国からの参加者の方々との貴重な精神的交流をとおして、箱庭療法と心理療法に対する私の見方が少し広がったと思われる。私のささやかな連想をここに書き記して、今後の研究の手がかりとしたいと思う。

はじめて訪れたカナダの自然は、文字どおり「大自然」といえるスケールの大きなものであった。そしてそのカナダの自然を写実的に描いた多くの絵画をも見ることができた。それらの作品には、穏やかで懐の深いこの国の自然のさまざまな相貌が、的確に描き出されていた。そして私は感心しながら、文化はやはり自然風土のなかでその恩恵と試練によって生み出され培われるのだな、と納得したのであった。広大な自然を描いた風景画もさることながら、私の目を引いたのは川の小石（複数）をきわめて写実的に描いた絵であった。これはいくつかの店の展示窓に発見できたので、おそらく当地ではかなり一般的なものであると思われる。たしか日本でも、地主悌《じぬしてい》介《すけ》という画家が何の変哲もない石をていねいに描いていたと記憶する。その絵を見ると、画家はさながらひとつひとつの石の顔を描いているようであった。カナダでの石の絵は、石の顔ではないかもしれないが、石の心、自然の心を描いているものではあるように感じた。

このような自然観は、出来合いの言葉で言えば「アニミズム」ということになろうが、分類だけでは、十分な理解とはならない。箱庭療法で、クライエントが石を置いたときに、その石の表情ないし心がどのように感じ取られるかが大事なことであろう。これは細かいところに重要なメッセージを読みとろうとする、一種日本的な感覚かもしれないが、西洋にも「神は細部に宿る」という言葉があるように、普遍的なことでもあるはずである。箱庭療法が、スイスと日本という比較的国土の小さな国の文化から生まれ育ったという事実は、やはり意味深いと思われる。

当地での展示窓のなかで目を引いたもののもう一つは、流木であった。精神分析の文献などで「見いだされた対象」として登場するが、実に存在感のある立派な流木が飾られているのであった。これがトーテムポールを作った（今も作っている）「先住民」の文化とどのような関係があるかは知らないが、かの国の豊かな自然が、その共通の背景になっていることは間違いないであろう。木の心もまた、わが国の文化に縁の深いものであり、その理解は箱庭療法においてきわめて重要であることは言うまでもない。木や石の心は、おそらく「原始」や「古代」の人々が、深く理解していた知恵であったろう。現代の箱庭療法は、往年の彼らの知恵を蘇らせる試みでもあると言えよう。

木や石の心、自然の心について述べた後で、次に言語について述べてみたい。今回の大会参加で、ふだんあまり耳にすることのない二つの言葉（外国語の単語をいくつか）を聴くことができた。そのひとつはヘブライ語であり、もうひとつは、ある先住民の言葉（残念ながら名前はわからないけれど）であった。ヘブライ語は、大会委員長のネハマ・バウムさんが発表の中で旧約聖書の物語に関して語ったさいに聴いたものだと思う。彼女はトロント在住であるが、出身はイスラエルであり、ヘブライ語の発音はネイティヴのそれであるのだろう。私にとっては、意味はまったく分からないが、その響きは深く心に感ずるものがあった。たしかに神の言葉なのではないか、と思わせるものがあったのである。

このように感じると、ある種の言葉はたしかに単なる記号ではなく、長い年月を経た命のひとつの形であると実感されてくる。そして象徴の理解という作業が、単なる言葉の言い換えであっては意味がないということが納得されてくる。夢の言葉、箱庭作品に関わる言葉、聖典や文学作品の言葉は、多かれ少なかれこのような意味での象徴性をもっていると考えられるのである。

ここである事例を簡略に紹介したい。ある二〇代の勤労女性は、母親との関係や自身の内なる母性の問題を意識して、箱庭療法を試みた。はじめ、野生の動物たちの行進が作られ、やがて七人のこびとが遊ぶのどかな風景が登場した。その風景のなかに池が作られ、そこにおたまじゃくしが泳ぐようになった。あるクライエントは楽譜をもって現れ、プレイルームにあったピアノに向かい「風の谷のナウシカ」のテーマを弾いたのである。この回のあと、彼女の雰囲気に微妙な変化が表れるようになった。ほとんどいつも黒ずくめだった服装に、明るい緑色が見られたりした。母親との関係もかなり変化し、仕事と趣味にいっそう打ち込めるようになったのである。

ここで私が注目したいのは、「おたまじゃくし」と「楽譜」の関係である。言うまでもなく前者は後者の俗称であり、両者の関係を象徴的に論ずるのはナンセンスと思われるかもしれない。しかし「おたまじゃくし」の躍動する生命力という点から考えると、それが音楽の構造を記述する「楽譜」の俗称であること自体にも、偶然も含めて意味を見いだすことができるのではないだろうか。もちろん「ナウシカ」の「鳥」の世界と、「おたまじゃくし」の「孵化」のテーマの関連という基本的なことを理解することが前提となるが。

上述の連想は、クライエントのピアノ演奏のたくましい飛翔力に直に触れて得た「ひらめき」である。ユング心理学は、基本的に精神の直観機能に依拠する。この機能を健全かつ創造的なものに保つのは、自然や言葉の奥にある深い領域に対する畏怖と情熱ではないかと私は思う。カナダの「先住民」の紳士が語ってくれた彼らの先祖の物語は、気の遠くなるような歴史の重みと苦しみを感じさせてくれるものであった。その語りのなかに聴くことのできた彼らと彼らの先祖の言葉の断片は、深い森の奥の空気のように、聴く者の心を呼び覚ます力があるような気がする。

箱庭療法のなかに表現される人間の心は、木や石の心、草木虫魚の心、大きくは地球の心でもあり、その物語は生命の歴史、人類の歴史、地球の歴史でもある。その場は、普遍的な場であり、さまざまな文化の多様性をも受け入れる場でもある。たとえば、日本語の「はら」という言葉は「腹」でもあり、またアクセントは異なるが「原」にもなる。つまり閉じている空間でもありながら、また開かれている空間にもなる。面白い言葉である。

2　第一五回国際箱庭療法学会に参加して

安島　智子

BIRTH AND RENEWAL IN THE "HANDS OF CREATION": Crossing the threshold of the new millenium.　上記の題名が、一九九九年の夏、カナダのヴァンクーヴァーで開催されたＩＳＳＴのコングレスに掲げられた。組織委員会は、箱庭療法の新千年紀に向けて、このテーマを掲げたのだった。箱庭療法はローウェンフェルドによってロンドンで考案されたものであるが、本格的にはユング心理学を導入したカルフ女史の手によって誕生したと言えるであろう。カルフ自身は考えもしなかったのではなかろうかとふと思ったりするのだが、現在では箱庭療法は多くの国々の心理療法家によって盛んに使われるメソッドとなった。このような状況の中で世界の箱庭療法はどのような方向に行こうとしているのであろうか。そんなことを考えながら、私は宿舎であったゲストハウスの棟から、ウェルカムパーティが開かれる棟へと足を運んだ。

夕暮れを迎えたブリティッシュ・コロンビア大学のゲストハウスの庭の空気は、八月というのにひんやりとし、頭がさえ渡るような感覚を覚えた。国際学会に参加する興奮だったのかもしれない。ウェルカムパーティでは、その演出に、カナダの先住民とカナダの大地が培ってきた空気の中に世界からの客人を招き入れようとされた組織委員会の方々の歓迎の気持が感じられて嬉しかった。また、明日から繰り広げられるであろう発表と討論は、箱庭療法の「誕生とリニュウアル」、つまり、「カルフに帰る」と「カルフを越える」と言ってもよいのかもしれないが、この全期間をとおして、そのどちらにも意味をもたせることができるのか、発表を聞くのが楽しみとなった。さらに一人一人にとっての「参加の儀式」とでも言おうか、参加者全員が幾重にも重なりながら輪をつくり、一人一人が目と目を合わせて挨拶をするという出会いに充分時間が使われ、その後それぞれ自分の選んだ色の布を背の高い丸太の木に結び、儀式を終えた。こうしてコングレスの全期間、発表とディスカッションを見守り続けたトーテムポールが完成したのだ。

発表はおよそどれも興味深く、箱庭療法の本質を改めて考える機会となった。しかしなかには、箱庭療法をまずやってみようという冒険的試みの発表もあり、アメリカ人的と言うと叱られそうだが、行動レベルの単純な発想による理解のように感じられた発表もあった。カルフ先生が大事にされた本質から離れていく危険性をも感じられたが、このように感じたのは私一人だったのだろうか。

私は、発表を聞きながら、初めてカルフ先生の館を訪れたときのことを思い出していた。カルフ先生の館の五百年祭の年であった。河合隼雄先生と樋口和彦先生がチューリッヒでワークショップを開かれたときのことである。山中康裕先生が二度目のスイス留学中で、河合先生、山中先生にユング研究所を案内していただき、それからカルフ先生の館へ案内していただいた。山中先生はカルフ先生の治療室で、カルフ先生が砂を大変吟味していらっしゃることを、砂を見ながら、またたくさんの絵筆がおかれていたのだが、それらちょっとしたことをいくつか話し添えて下さった。しばらく治療室で過ごし、それから館を案内していただいた。河合先生は、大きな大きな美しい陶器のストーブを是非見るようにと声をかけてくださった。印象的だったのは、カルフ先生の瞑想室である。窓辺に棚が作られ、仏像が並んでいる。ダライラマから頂いたという仏像もあった（私の勘違いでなければ）。カルフ先生はここで毎日瞑想をなさっているということだった。東洋の魂に毎日触れていらっしゃるカルフ先生を体験する経験だった。その後ケース検討会となった。イタリアからも数人参加された。先にいらしていた樋口先生も合流し、長沢哲史先生のケース発表。カルフ先生は一枚のスライドをじーっと見られ、その時間が思いのほか長く感じられた記憶が残っている。

再び、ブリティッシュ・コロンビア大学の発表会場に戻ろう。発表の中には、ものすごく面白いものがいくつかあった。私が面白く感じたのは、箱庭療法のプロセスがしっかりしていて（箱庭のスライドを見ると治療関係が明らかであるから）、考察がそのプロセスにふさわしい内容でなされている発表である。そういう発表は、ものすごく勉強になった。イスラエルのリナ・ポラートさんもその一人である。こちらがそう思っていると相手にも通じるらしく、会場でもよく会い、そのたびにより親しさが増し、フェアウェルパーティでは他の人が見ているにもかかわらず、互いに激しく抱き合って別れたほどであった。彼女の発表は、相棒のバート・メルツァー氏との、連動発表であった。最新の電子機器を駆使した華麗な発表であったから、引かれたのではない。彼女の人間的なスケールと愛の深さからくるセラピーの確かさを感じたからである。その理論化も見事であったが、何よりも私が大事に思っている箱庭療法の場におけるテミノスについて語ったのは、彼女一人であった。もう一人挙げるならば、今回の大会長であった、ネハマ・バウム女史の発表「精神病者へのコンテイナーとして、大地としての箱庭療法」である。精神病者への箱庭療法は安易に導入すべきではないと筆者は考えているが、精神障害者への心理療法者として満たされるべき必要条件を提示された気がした。箱庭表現のプロセスで、病者の精神病世界が明らかに変容し、創造性が回復されていくプロセスをはっきりと見ることができた。

しかし、はじめに印象を記したように、箱庭療法の世界の動きに危惧を感じるような発表も見られ、日本の箱庭療法学会の発表の質が保たれていることを世界に誇り、大事にしていきたいと思った。だが、日本でも、箱庭療法は盛んになる一方ますます危険を孕んでいくことも予想され、自戒していかなければならないであろう。ケース検討や箱庭の理論的理解に加え、体験し、理解していく勉強の場の確保なども考えたい。

また、参加者を見ながら、一九九八年にフィレンツェで開かれた分析心理学の国際会議でのことが思い出されてきた。箱庭療法の未来について考えるために、それぞれの国々の箱庭療法の現状を伝え合ったことがあった。私も、日本人が自分しかいなかったら発言しなければと少々緊張していたが、樋口先生の姿が見えてほっとしたことがあった。その時のことである。開催地がイタリアということもあって、スペインからの熱心な参加者が大勢いらして、スペインではこんなふうに盛んに箱庭療法がなされているということを一人ならず参加者が次々とスペイン語で語られ、通訳の労を取られた方が、次々と英語にしてくださって、スペインでも箱庭療法がかなり盛んになされていることを知った。しかし、今回はスペインからの参加者はほとんどおられなかったことが気になった。国内では箱庭療法が盛んに行われていても、英語圏の国での国際会議は、言語上不利であることは、日本の事情にも共通する。国際会議でも、自国の言葉で発表できるといいのだろうが、国際社会はそのように動いていない。このことが、世界の箱庭療法の発展の方向を誤まらせることにならないように、世界の箱庭療法家は互いに情報を交換し、語り合うことが必要なのであろう。

最後にひとつ付け加えたいと思うことは、箱庭療法のトレーニングについてである。

国ごとに異なるであろうが、箱庭療法を最初に考案されたローウェンフェルドの世界技法が、アメリカに渡って、ワールドテストとして標準化されることにより、はじめにローウェンフェルドが考えた治療的意味が薄まってしまった歴史があり、ローウェンフェルドに学び、ユング心理学を導入して発展させたカルフの箱庭療法が世界でかくも盛んに使われていることを考えると、トレーニングの鍵のありかは明らかである。

第一五回国際庭箱庭療法学会のオープニングレセプションでは、河合隼雄先生のフルート演奏「シリンクス」と山中康裕先生の「南部牛追い歌」が世界から集まった人々へプレゼントされた。河合先生の魂の響きが奏でられ、山中先生の魂のぬくもりと力強さが伝わり、カナダ先住民の魂と東洋の魂の共通の地平が作られた。カルフ先生の瞑想室が筆者には思い起こされた。カルフ先生が大事にされた〝祈り〟の地平を期間中守ってくださったネハマ・バウム大会長とスタッフの皆様に心からの感謝をささげ、私の印象記を終わりたいと思う。

3　国際箱庭療法学会ヴァンクーヴァー大会参加印象記

――カナダの神話に接して

弘中　正美

昨年八月にヴァンクーヴァーで行われた国際箱庭療法学会第一五回大会への参加は、私にとってまことに印象深いことであった。それは大会に関する出来事のみによるのではなく、カナダという文化・風土に関するさまざまなことがらがもたらしたものでもあった。この印象記においても、それらを絡ませながら書いてみたい。

大会の始まる前に、私はワイフとともにカナダの小旅行を楽しんだ。ヴァンクーヴァーに入る前の滞在地はヴィクトリアであった。ヴィクトリアはブリティッシュ・コロンビア州の州都であり、英国的な薫りが残る美しい町であった。カウチン・セーターを扱っているよい店があると聞き、私たちは出掛けた。ホテルから一〇分程歩いた所にお目当ての店があった。ワイフがセーターを選んでいる間に、私は木彫りの土産物品を見て回った。トーテムポールやお面など、ネイティブ・インディアンの作風のさまざまな木彫りの作品があった。こうしたものはカナダの観光地のどこにでも置かれていたが、その店に並んでいる作品は比較的上等で、〝本物〟を感じさせたので、私は何点か買うことにした。

ふと見ると、一羽の鳥が何か丸いもの（たぶん太陽）をくちばしにくわえた壁掛があった。興味を引かれ、店の女の子に「コノトリハ、タイヨウヲ、ノミコモウトシテイルノカ？」と聞いてみた。するとその子は「そのカラス（正確には渡りガラス）は太陽を盗もうとしているんです」と答えてくれた。そして、一冊の本を店の奥から出して来てくれた。その本の表紙に、まさに壁掛と類似の図柄が載っており、本のタイトルは“The Raven Steals the Light”であった。本の内容はネイティブ・インディアンのいくつかの神話であり、最初の神話が「カラスが光を盗む」物語であった。

私はひどく興味をそそられて、その本も一緒に買い求めた。ホテルに帰って最初の神話をざっと読んでみたが、それはカナダのネイティブ・インディアンにとっての天地創造、つまり闇の世界に光がもたらさせる神話であった。本の表紙の絵（太陽をくわえたカラス）をどこかで見たような気がしたが、こ

のときは思い出せなかった。

大会が始まり、私はびっくりしてしまった。至る所に、あの光を盗んだカラスが登場した。実は、大会のシンボルマークそのものが、あのカラス（the raven）だったのである。事前に日本に送られてきた大会のプログラムにも、確かにそのシンボルマークが描かれていた。そのときは、それほどに有名なカラスとは思いもつかなかった。大会開催中に携帯品を入れるために配布された布袋にもしっかりとカラスが印刷されていた。大会初日の祝賀会で行われた学会の長老（河合・樋口・山中諸先生がそのなかにいらした）に贈られた記念品は、件のシンボルマークの原画（Beau Dick作）の立派な複製であった。

このカラスは、最初の人類を生み出す神話の主人公であった。その神話を表す巨大な木彫作品は、ＵＢＣ（ブリティッシュ・コロンビア大学、大会会場にして、われわれの宿所）のなかにある人類学博物館の展示物の中心をなしていた。そ

れはネイティブ・インディアンのアーティストの頂点にいたビル・リード（Bill Reid）の作品である。そして、私がヴィクトリアで買い求めた本の挿し絵と物語は、実にビル・リードの作であったのだ。

こうしたカナダのネイティブ・インディアン・アートとの出会いは、私にとってたいへんなインパクトがあったが、そのことは大会にまつわる雰囲気とも繋がっていた。カナダでの大会を主催されたネハマ・バウムさんは、ネイティブ・インディアンの文化に並々ならぬ関心をもっておられるようであった。大会のシンボル・マークに神話のカラスを使っただけではなく、大会の初日の夜と最終日前日の夜には、ある種の儀式が行われた。初日の祝賀会では、トーテム・ポールに模された大きな丸木の棒に参加者がひとりひとりカラフルな布を巻いていった。幾重にも巻かれた布によって彩られたトーテム・ポールが大会の間、われわれを見守る役割を果たしたのである。最終日前夜のポトラッチ・ディナー（potlatch dinner : potlatch は北米インディアンの贈答の儀式あるいは宴会の意）においては、ひとりひとりが布をトーテム・ポールから解き、そして全員が布を手にしたあと、われわれは布を宙に大きく泳がせながら、輪になって踊ったのである。

とにかく、大会会場でも、ＵＢＣ構内でも、そしてヴァンクーヴァーの町に出ても、いたる所にネイティブ・インディァンの文化が顔をのぞかせた。それは観光とか土産物のレベルをまったく超えたもののように思われた。私は興味に任せて、色々な人たち――ネハマ・バウムさんを始めとして、大会に参加したカナダの人たち、タクシー運転手、ダウンタウンの店の人など――に、「カナダノヒトハ、ネイティブ・インディアンノ、ブンカガ、スキナヨウデスネ」と質問をし、そして一様に「その通りです」という答えをもらった。ネイティブ・インディアンについて語るときの彼らは、自信と誇りに満ちているように感じられた。

ネイティブ・インディアンは歴史的には、ヨーロッパから移住した人たちによって征服された先住民族である。そのネイティブ・インディアンの文化をまるで自分たち自身の文化であるかのように大切にし、それに対して誇りすらもっている彼らカナダの人たちに、私はとても関心をもった。なぜだろう？　それは、ほのぼのとした温もりを感じさせる疑問であった。そして、私なりに引き出した答えは、カナダの人たちは、自分たちの神話をネイティブ・インディアンの神話に求めているのだ、ということであった。

人は誰も自分たちの神話を待っているし、待たなければならない。カナダのひとたちが、ヨーロッパ（だけではなく、かなり広範な地から集まっているが）の故郷にまつわる神話ではなく、ネイティブ・インディアンの神話に魅せられるのは、それなりの意味があるのであろう。カナダの自然がもたらす影響も大きいかもしれない。山火事が起きても自然に消えるまで放っておくのが、自然界の秩序を守るのにいちばん正しい方法であるという、カナダにおけるとてつもなく雄大なルールを見ても、カナダの人たちの心のなかには、人間の力を遙かに超えた存在（自然）に対する敬虔な祈りの感情があるのかもしれない。そのことが、ネイティブ・インディアンの神話でなければ、カナダでは神話たりえないものとしているとしても、それほど不思議なことではないような気がする。

カナダに行って、このように神話について考えさせられるとは、夢にも思わなかった。むろん、箱庭療法の学会のためのカナダ行きであったということも、私の体験の布置の要にあったと思われる。

4 枠・時・自由・ファンタジー・ユーモア

酒井　敦子

第一五回ＩＳＳＴ学会は、カナダ・ヴァンクーヴァーのＵＢＣ（University of British Columbia）で開催された。昨夏、ふとしたことからこの学会に参加させて戴くことになり、素晴らしい体験、私の人生の中で心に残る出来事のひとこまとなったので、ここにその想い出を記す。

サンフランシスコ経由でヴァンクーヴァーに到着したのは夜の一〇時過ぎであった。運よく学生時代の友人家族が空港まで出迎え、宿舎であるＵＢＣカンファレンスセンターまで送ってくれた。翌日彼らとともにヴァンクーヴァー市内近郊巡りをした後、ＩＳＳＴの会場に入った。受付を済ましてしばらくすると軽いディナーをとりながらの歓迎会（Light Dinner Reception）が始まった。その時点では、大体予想をしていたものの、日本からどのような先生方がお見えになるか知らなかった。場違いなところに来てしまったのではないかと少々心細く思いながら、着飾った人たちの中へ入っていった。テーブルのものを食べ始めるや否や、隣の人もその隣の人も声をかけてくださって瞬く間にその輪に入っていった。気がついた時には、河合先生はじめ樋口先生、山中先生御夫妻、岡田、織田、弘中、岡、安島各先生のお顔も見えて、とても懐かしい気持ちになった。

やがて始まる歓迎の夕べ（Evening Celebration）のために私たちは次の部屋に移動した。その部屋へは、各自が七色のスカーフを一本ずつ手にして入り、部屋の真中に立てられたポールに一人一人が思いを込めて結んだ。皆の手で色とりどりのスカーフで結ばれたそのポールは会期中いつも中央にあり、ずっと私たち（その会議）を見守り続けていた。開催者代表バウム博士のユーモアたっぷりの開催宣言および歓迎の挨拶があり、続いて一五周年を迎えたということで、河合先生らへの感謝状贈呈、新しく会員になられた方々の紹介と励ましの言葉があった。その儀式はとても簡単なものであったが、十分に厳かで印象に残るものであった。

会期中のプログラムは、主として午前中に基調講演、ワークショップ、午後にシンポジウム、パネルデスカッション、事例発表が予定されていた。

初日は、河合隼雄先生の基調講演から始まった。先生は「神話創生と箱庭療法（Creation myths and Sandplay Therapy）」についてフォン・フランツの書物を紹介しながら、その関係性について言及された。そのプロセスはクライエントとセラピストの両者で創造（create）していくものだという話をされた。二日目は日本箱庭療法学会でシンポジストになられたことのあるシェリー・R・シェパードさんが「多型なる全一性《ワンネス》（The Many Forms of Oneness）」の題で、箱庭に表現されたさまざまなセルフイメージや箱庭療法の過程で成されたいろいろな創造的作業（creative work）について紹介されつつ、ご自身の日本滞在および日本の密教（宗教）体験から得られた話（Oneness）をされ、興味深く聴いた。つづいて山中・岡田・織田先生の発表があった。

学会開期中、早朝と夕刻に「創造的な瞑想のための空間（Meditation Creativity Space）」が開室されていた。ある朝、その部屋のドアをそっと開けてみた。カーテンの隙間より柔らかく細い朝の光が漏れ、真中に置かれた円いテーブルの上には、ビーズ、鳥の羽、草花、貝、ミニチュアの箱庭用品等が置かれ、まだ誰も来ていない早朝のその空間には、どことなく神秘的で厳かな雰囲気が醸し出されていた。それらを取り囲むように置かれている一つの椅子に座り、じっと目を閉じていると、私の体が何かファンタジーの世界に溶け込んでいくような不思議な素敵な気持ちになった。

夕方からのプログラムは、歓迎の夕べ、シンポジウム、参加者全員の夕食会・懇親会が準備されていた。

それぞれの場面について、主催者側がいろいろ工夫を凝らしているのが感じ取れた。余興では他の国の方たちも和ませてくださったが、岡先生の歌や山中先生の山中節が披露されたのも大喝采だった。世界のさまざまな異なった場所、違った文化圏からきた人たちが一堂に集まり、同じテーマについて学び、同じ出来事に対し喜びを共有し、その会場全体がひとつの気持ちになった。このような瞬間を全一性《ワンネス》というのだろうかと思った。その他、人類学博物館見学や、グロスポイント山に登り、その広大で神秘的な山腹よりヴァンクーヴァーの街の雰囲気を味わえたことも幸せであった。

研究発表を聞いていると（もちろん私が聴き取れた範囲内ということになるが）日本箱庭学会の発表と基本的にはよく似ていた。外国では箱庭に置かれた玩具のひとつひとつの説明が多いと聞いたことがあるが、そのとおりだと思った。また箱庭の流れや、過程の説明などについて言及しているものにはより共感をもって聴けた。当然のことであるが、この学会の参加者は皆、カルフ先生や河合先生のことが好きなんだなと思った。なぜなら、研究発表や普通の会話の中で、カルフ・河合の引用が頻繁にされていた。また河合先生の基調講演の後、紹介されたフォン・フランツの本を買いに書店コーナーに行ったが、講演直後にすぐに売り切れたとのことであった。

このことは、単に河合先生が人気があるということだけでなく、ユングの考えを基盤にし、そこから発展し創造されてきた箱庭療法を学ぼうとして、世界から集まってきた人たちが、東西の文化の違いや葛藤を抱えたさまざまな事例にあたりながら、東洋と西洋の掛け橋となり、次の国際社会を創っていくことに貢献しようとしている証ではないかと思われた。箱庭がユニバーサルワード（普遍的言語）といわれていることにも素直に合点がいく。

儀式から始まり儀式で幕を閉じるこの学会のやり方は、箱庭療法のもつ枠・時間・自由・ファンタジー・ユーモアを連想させ、未来に繋がっていくように思われた。最後の儀式で、ポールに結ばれたスカーフは一本ずつひとり一人によって解かれ、各自が持ち帰った。一本のライトブルーのスカーフは今も私の旅行鞄に結ばれている。日本人だけでなく、世界の人々の発表を聞く機会に恵まれて、少し豊かな気分になって感想を書かせていただいた。

第 4 部

国内学会の現状

1　箱庭療法と沖縄

2　日本箱庭療法学会第15回大会（北海道大会）の開催に向けて

1　箱庭療法と沖縄

金城　孝次

1　日本箱庭療法学会第一三回大会開催の状況

従来大学側を主体として大会事務局が設けられていたが、今回は平成五年二月に発足した沖縄箱庭研究会が大会事務局となった。戸惑いや躊躇はあったものの、今回の学会開催を機に、箱庭に対する参加者らのシー（神髄にも類するもの）やうむい（気の入り様にも似た）を沖縄にも吹き込んでもらうために引き受けた。

風土は単なる自然環境ではなく、人々を取り巻きわれわれの内面に深く組み込まれている自己理解の仕方であると言われる。潜在的には古層で繋がっていると言える。日頃の心の臨床の場で、

“意味づけを風土に戻す”“風土が治療する”という現象に出会うことがある。そこから“意味づけを風土に戻す”という方法的なことも出てきたりする。そこには風土が人の心の風通しをよくすることをみせていたりする。

この大会では、〈箱庭と遊び〉〈風土の語りと物語化〉そして〈癒しのイメージの多様性〉等についてシャーマニズムやアニミズム的雰囲気である沖縄で、その文化的・風土的状況の中で考えてみたかった。それ故に「風土・イメージ・箱庭」のテーマで公開シンポジウムを企画してみた。リース・滝幸子先生は、箱庭と井戸を通して中年女性の再生について話題提供をした。祭ごとの意味そしてその中にみられる神秘的なパティスペーションを沖縄のガー（井戸・泉）を通して——特にウマリガーの祭り等で——みせてくれた。現代人の中に古代人の心が未だに生きている沖縄があった。とはいえ古い文化と新しい文化を出すことによって自分の心を癒していくのだが、それらすべてに折合いをつける中で、やはり（沖縄の）風土が癒すことを——ティダ（太陽）のイメージの多義性等で語られたのが山中康裕先生であった。加藤清先生は、ウタキ（御獄）にまつわることには、魂の底から楽しむ遊びの異空間があることを語られた。聖なる御獄＝もともとは神の鎮座する所（拝所＝もともとは神を迎えて祈祷をする所）やムイ（森）も、祈りのお通しによって確実に連帯している。さらに海の彼方のニライカナイおよび祖霊神にまで及ぶ。潜在的には古層で繋がっている。箱庭の表現においても砂の底で繋がっていると語られたことは印象的であった。河合隼雄先生は、風土を考える意味が、箱庭を考える意味に繋がること、そして癒すために役立っていて、そのために存在しているものがあることを語ってくれた。現代人と古代人をどう共存させるか、それをするひとつの契機として箱庭があることを強調された。座長の樋口和彦先生の総括のことばはそれにふさわしく思えた。「われわれの魂は、個人の所有しているものではなくて、大きな魂と世界の中にわれわれは住まわせて頂いている。その住んでいるということで、遊ばせて頂いているし遊ぶことができるようになっている。その時初めて古代的な魂が、現代と結びついて今に生きて力をもってわれわれに迫るのではないか。その時にわれわれの魂は呼び返されてよみがえってくるのではないか」と語られた。沖縄の風土がどれだけ人を癒すものであるか、それが箱庭の作品で表現されたもの、そのイメージの中に見られたりする。イメージ自身が癒す力をもっていることを一層わからせてくれることがある。沖縄には、神遊びの空間があり、それは箱庭の空間と似ている。沖縄の風土は、壮大な癒しのイメージを与える。そして癒しの空間がある。遊びとダイナミックスに結びついた箱庭の意味がそこにはある。

このときのシンポジウムで、「箱庭」を通して沖縄を感じて欲しかったしまた、「沖縄の風土」を通して箱庭を感じることができたのではなかろうか。風土は人々の中の内面に深く組み込まれていて、潜在的には繋がっており互いに循環し、人の心の風通しをよくしてくれるものである。私は確かに沖縄の心によって癒されたという感じのケースを思い出していた。

事例研究発表においても箱庭のみにこだわらず多様なイメージ表現をも視野に入れた多彩な発表内容であった。セラピー室で生ずることを、ひとつのドラマとみて、しかもそこを個人劇場とみるのではなく、神秘の劇が演じられる古代劇場とみるほうが妥当だ。つまり古代劇場とは癒しの場であると聞いたことがある。内なる混沌としているものが、箱庭・コラージュ・夢で表現されたイメージを通して安らぐ風土や憩える自分の住む場所への回帰をしながら、より鮮明に内にあるイメージに息吹を与えつつ展開された事例研究発表であったと思う。

この大会が、「神遊び」のある沖縄で「魂が遊ぶ」ものとしての箱庭を作る人のプロセスの横に存在するわれわれが、まずは魂の底から楽しむ異空間を感じられたものであったのではなかろうかと思う。参加者である大和の人等が真の意味での「遊び」の必要性をお土産に、ニライカナイの海の彼方へそして日常の世界の表現の中に去られたのではなかろうか。

2　沖縄における箱庭の現状と未来

自分の習得したことを自分の土地に根付かせるためには、それ相応の歳月と波及へのうねりを要する。C・G・ロジャーズの来談者中心療法によるカウンセリングや自律訓練法が、悪く言えばそれら一辺倒のきらいが強かっただけに、帰沖後故郷でセラピストとして生きていくことのとまどいがあった。

言葉では表現しにくい自分を、非言語的方法によって表現するための自己表現も重要で、「箱庭」もそんな手段である。箱庭の作品は、その時の自分の心の状態・テーマ・課題を現す。作品は、その時そこでの自分の心あるいは、心の一部を表現したものである。さまざまなメッセージが込められている。心の奥底に眠っていた自分との出会いをもたらし、心の自己治癒力が働き始め、活性化し治癒が起こる。

未だに私の手元に黄ばみとすり減りをみせているメモノートが二種類ある。カルフ先生が発表された進級不安に悩む一七歳女性の事例である。無意識の中の内容を外界にあるもので構成したものとしての箱庭作品を味わうことをさせていただいた。自分の住んでいる地域の反対側のもの――田の神――を主として用いて、そこに自分のクリエイティヴなものを見いだしてそれから自分なりのものを創っていかんとしているものであった。中心に田の神を置きその傍らに松の樹そして、砂で炎を描いたセルフの全体性の表現には圧巻された。それは制作者の夢を箱庭表現したものであった。

もう一種類は、中学二年女生徒の不登校ケースと小学校五年男生徒のチックのケースである。一九八三年九月に山中康裕先生から研修を受けた際のものである。ひとつは箱庭を、片方は描画法でもって教授されたものである。イメージのもつ象徴作用による超越的機能によって、心の乖離が癒され新しい世界が構築される——イメージを通して心が癒されること——を受講者である私の心に刻んでくれた。

そんな私が描画を皮切りに箱庭そしてコラージュへの誘いをしているなかで、招き寄せられた人たちと資質と技能の向上を図るために発足したのが沖縄箱庭研究会である。

この道では著名な先生方に雛鳥を育ててもらっているかのごとくにしていただいている。会員相互による毎月の研鑽の場と、年二回の外部講師による研修会（啓蒙をも兼ねた）が活動である。箱庭に魅せられこの会に加わっていく者が、次々に増えている。

今回の箱庭療法学会を顧みつつ、箱庭を「味わうこと」と「読むこと」——それを体験し感じることが理解の前提であることと思えた。箱庭の本質は、オペレイトしないものであり、「今それを作る必要性があるんだ。それを観させていただいているんだ」との姿勢をもっと私たちのものにしていく必要がある。箱庭は、その人が作っていくことで治っていくことが根本で、しかし、それを越えるものが箱庭の中に出てくることが大切であることを教えてもらった。イメージを通した癒しにセラピストが関与する場合、そこでは象徴のもつ超越機能のみならず、ふたりの心の共同作業によってよりよく働くという二種類の治癒促進因子が重複して作用することが必須であることを、大切に温めて自分のものとしていくべきではなかろうか。

2　日本箱庭療法学会第一五回大会（北海道大会）の開催に向けて

清水　信介

二〇〇一年度の日本箱庭療法学会大会は、北海道で開催される予定である。私ども札幌学院大学は、この大会の会場のお世話をする大任を仰せつかった。そうした関係もあって、山中康裕学会理事長から、北海道における箱庭療法に関する研究会の動向などを報告するようにとのお勧めをいただいた。以下に、筆者が知りうる範囲での紹介をさせていただくが、これ以外にも活動しておられるグループがあるかもしれない。もし、紹介に遺漏があれば、ご寛恕を賜りたい。

1　北海道における箱庭療法研究グループの活動状況

心理臨床の分野に関しては、北海道は未だ後進地域であることを認めざるを得ない。つい最近まで、道内には臨床心理学を専門的に学ぶことのできる大学が存在せず、そのため心理臨床家が育ちにくい状況にあった。近年、本州の大学で教育訓練を受けた若手の有能な心理臨床家が少しずつ道内に入ってきているが、適切な心理療法的援助を提供し得る心理臨床家の数は限られている。このことは、文部省によるスクールカウンセラー派遣事業においても隘路となっている。スクールカウンセラーの配置が可能な地域は、函館、室蘭、札幌、旭川など、JR函館本線沿いの都市周辺に限定されているのである。

道内の医療機関や相談機関でも箱庭療法の用具を配備している所は多いが、実際にそれを有効に用いている所は少ない。公立の相談機関などを訪問した際に、ほとんど使われていない箱庭療法用具が調度品のように置かれているのを目にすることがよくあり、残念に思われる。心理療法の訓練を積んだスタッフがいないために、用具が活用されないのである。その一方、小学校に設置されている「ことばの教室」に勤務する意欲的な教諭の方々が、箱庭療法を勉強されて、その仕事の中で成果を上げておられるというケースもある。北海道には、箱庭療法について学ぶ場がきわめて少ないので、勉強の機会を見つけること自体が困難であり、この点が箱庭療法普及の隘路となっている。

数少ない箱庭療法を勉強する場をあげると、その一つとして旭川市の臨床家たちによって開催されている『箱庭療法勉強会』がある。この研究会は、一九八五（昭和六〇）年に、当時市立旭川病院精神神経科に勤務していた精神科医傳田健三氏（現北大病院精神科）によって開かれたもので、その後原岡陽一医師（市立旭川病院精神神経科）や酒木保氏（現京都文教大学助教授）が中心になって会を運営され、発展してきたと伺っている。『箱庭療法勉強会』例会は、現在二カ月に一回の頻度で開催されている。この研究会に関わりをもつ人々は八〇名ぐらいであるが、例会への参加者は二〇～三〇名ぐらいとのことである。この会の特色は、精神科医、サイコロジスト、教員など職種の異なるメンバーが交流をもつことができる点にある。例会では、箱庭や描画などの非言語的技法を用いた治療事例に関する検討を行っている。会員の中には、この会に出席するために遠隔地から列車で数時間かけて来られる方もおり、熱気あふれる議論は時に深夜の二次会にまで及ぶとのことである。この研究会で提出される治療事例は質の高いものが多く、その一部はこれまでの日本箱庭療法学会大会においても報告されている。

『札幌心理療法研究会』も定例的に箱庭療法等の勉強会を行っているグループである。この研究会は、筆者が札幌学院大学に着任した一九九〇年に始まり、札幌学院大学を会場として続けられてきたものである。研究会の構成メンバーは、精神科、小児科、心療内科などの医療機関で働くサイコロジスト、心理学専攻の大学院生、精神科医、家庭裁判所調査官、ことばの教室に勤務する教諭などである。この研究会では、会員の数をあまり増やさずに、こじんまりとした規模（所属会員二〇数名）で運営する方針を守ってきた。例会は、毎月二回、土曜日の午後に開催され、会員各自が担当した箱庭療法、遊戯療法、描画療法、カウンセリングなどの事例を提出し、検討を深めることにしている。職種や立場が異なるメンバーの集まりなので、異なる視点からの意見が提出され、お互いに啓発されることの多い場となっている。ことばの教室の先生方が扱われる事例には、情緒的な問題が関わっているものが多く、なかには相当難しい事例も含まれている。そうした事例に対して箱庭療法や遊戯療法が有力な援助法となっている。ことばの教室は、心理的な問題を抱える子どもの親にとって、他の相談機関よりも敷居が低く通いやすい場所となっているが、それだけに相談を担当する教諭の心理臨床能力の向上を図ることは大切である。札幌心理療法研究会では、これまで年に一度ぐらいの割合で、本州から箱庭療法等の専門家をスーパーヴァイザーとしてお招きして研修会を開催し、会員の技能の向上を図ってきた。とくに、山中康裕教授にはこれまでに数回ご指導をいただいている。

札幌圏には、この他に、ホノルル大学札幌キャンパス・北海道応用心理学教室の戸沼文子氏が主宰される箱庭療法研究会（毎月一回開催）がある。同会の所属会員は八〇名ほどと伺っているが、ほとんどの会員が非臨床家であるとのことである。

2　大学院教育による箱庭療法家の育成をめざして

前述の如く、北海道には臨床心理学を専門的に学ぶことのできる大学が存在しなかったが、数年前から臨床心理士養成をめざす学科や大学院を設置する動きが出てきている。筆者が勤務する札幌学院大学では、一九九五年に人文学部附属心理臨床センターを設置し、センター研修員（臨床現場で働く学部卒業者）に対する卒後教育を実施してきたが、そうした実績を踏まえて、二〇〇〇年四月から大学院臨床心理学研究科（修士課程）が開設され、本格的に心理臨床家の養成に取り組むことになった。本学の臨床心理学研究科は、現時点では、大学院教育によって箱庭療法、遊戯療法などの治療者を養成し得る道内で唯一の機関となっている。今後、私どもは大学院教育を通じて箱庭療法家の育成に貢献したいと考えている。

さて、日本箱庭療法学会第一五回大会は、二〇〇一年九月二三日（日）～二四日（月）の二日間にわたって、札幌学院大学キャンパスを会場として開催されることになっている。現在は、まだ大会開催の準備作業に着手したばかりであり、具体的な企画内容をご報告するには至らないが、私どもとしては、この大会に参加される方々が有意義な時間を過ごされるように、精一杯お世話をさせていただきたいと思っている。また、この大会の開催を契機に、北海道において箱庭療法への理解、関心が高まり、本法の研究、実践が発展していくことを念願している。札幌学院大学の所在地は江別市であり、札幌駅からJR線で一〇分あまりの所に位置する。天候さえ良ければ、きれいな空気と自然を満喫していただけるであろう。多数の皆様のご参加を心からお待ち申し上げる。

あとがき

ここに、『世界の箱庭療法――現在と未来』を、ドイツのシグリット・レーヴェン＝ザイフェルト前ドイツ箱庭療法学会会長、および、米国のケイ・ブラッドウェイ前米国箱庭療法学会副会長と山中の三人が協同編者となって、ドイツ語・英語・邦語の三カ国語で世界で同時に発行することができることは、編者として欣快に思うところである。

この書の発刊に至るいきさつは、すでに「編者まえがき」に述べたので繰り返さないが、真の意味で治療的な箱庭療法を確立したドーラ・マリア・カルフ夫人が亡くなって一〇年が経ち、かつ新しいミレニアムを迎えて、各国でそれぞれにこの箱庭療法に対してどのような発展の跡と取り組みがあったか、今後どのようにしていくか、について簡便に綴ったものであり、箱庭療法に興味と関心をもっていてくださるわが国の治療家、研究者、大学院生、学生たちにとって、格好の指針を与えてくれるものと確信する。

箱庭療法は、わが国にとっては、二重の意味で、大きな意義をもっている。その第一は、河合隼雄教授によって、実に適切かつ慎重に導入されたので、わが国においては、子供たちやこころの問題に悩む大人たちに対してきわめて簡便に導入できて、かつ、とても深い心理療法を可能にしたのであった。第二は、それによって、わが国の心理臨床全体のボトム・アップをはかることができ、その促進母体の一つとなって、現在の日本心理臨床学会や、日本臨床心理士資格認定協会の活動を活性化するのに、一役買ったと思うのは、筆者だけではあるまい。

本書を読まれて分かられる通り、本治療法は、その創始者のドーラ・マリア・カルフ女史の、英語・ドイツ語・フランス語・イタリア語・オランダ語はおろか、サンスクリット語やチベット語まで難無く読みかつ話せて、亡くなる寸前まで、各国に精力的に出掛け、その真の意味で治療的な普及に生涯をかけた彼女の人格と、早くから彼女のもとに参集した一二人のファウンディング・メンバーたち、なかんずく、河合教授の参画は、本療法にとって、運命的な出会いであり、その後の発展はひとえに、そこから出発したと言えるのである。ブラジルの項を読まれると知られるように、しかし、カルフ女史は甘くはなく、きっちりとある一線を守っており、だからこそ、この治療法が、その根幹であるところの、「母子一体性」と「自由にして守られた空間」とをしっかりと守ってこられたのであった。

本療法の淵源となったマーガレット・ローウェンフェルド、そして、カルフ女史、河合教授の三人が、まぎれもなく、箱庭療法の三人の親なのであり、その素地に、ユングの分析心理学の土壌があることを確認して、この稿を終わりたい。もうすぐ二十一世紀である。箱庭療法と世界のこころの状況に光あれと祈るばかりである。最後になってしまったが、本書が世に出るにあたって、原稿を書いて下さった世界と日本のすべての方々と、ご多忙の中序文を賜った河合隼雄先生、急な願いにもかかわらず翻訳の労をとってくれた大学院生たち、そしてそもそも本書の刊行も快く引き受けて下さった新曜社の堀江洪社長と、細部にわたる繊細な注意を行き届かせて下さった編集部の吉田昌代さんに感謝して筆を擱く。

二〇〇〇年九月一一日

夏中三五度を超える日が続き相変わらずの残暑の中、台風の接近で久しぶりの雨の日に、宇治の草庵にて、

山中康裕　識

療法学会会員。第13回日本箱庭療法学会大会長。日本心理臨床学会会員。

清水信介（しみず・のぶすけ）：札幌学院大学教授。日本箱庭療法学会会員。第15回日本箱庭療法学会大会長。日本心理臨床学会会員。

翻訳者紹介（執筆順）

山下美樹（やました・みき）：翻訳家（独語）。元京都大学医学部第２内科学教室勤務。京都市民交響楽団。

山中康裕：→　執筆者紹介参照。

山崎玲奈（やまざき・れいな）：京都大学大学院教育学研究科博士後期課程。

三杦奈穂（みすぎ・なほ）：京都大学大学院教育学研究科博士後期課程。

安立奈歩（あだち・なほ）：京都大学大学院教育学研究科博士後期課程。

後藤智子（ごとう・ともこ）：京都大学大学院教育学研究科博士後期課程単位取得退学。福井県立大学専任講師。

西　隆太朗（にし・りゅうたろう）：京都大学大学院教育学研究科博士後期課程単位取得退学、同研修員。

山森路子（やまもり・みちこ）：京都大学大学院教育学研究科博士後期課程単位取得退学、同助手。

廣瀬幸市（ひろせ・こういち）：京都大学大学院教育学研究科博士後期課程。

山川裕樹（やまかわ・ひろき）：京都大学大学院教育学研究科博士後期課程。

秦　真理子（はた・まりこ）：京都大学大学院教育学研究科博士後期課程単位取得退学、同助手。

中野祐子（なかの・ゆうこ）：京都大学大学院教育学研究科博士後期課程。

足立正道（あだち・まさみち）：京都大学大学院教育学研究科博士後期課程。

バート・メルツァー（Bert Meltzer）【イスラエル】：モシャブ在住。臨床心理学者。ISST 会員。

クレア・ボゥア＝シュトル（Claire　Boers-Stoll）【オランダ】：アムステルダム在住。オランダ政府登録心理療法家。米国ジョージア州公認心理療法家。箱庭療法家。

メアリー・ジェーン・マーケル（Mary Jane Markell）【オランダ】：アムステルダム在住。LCSW。MFCC。ISST 理事。

グレース・ホン（Grace　Hong）【台湾】：ミネソタ州ニューブライトン在住。PSY.D。LP。MFCC。ISST 会員。

ユルグ・ラッシュ（Joerg　Rache）【オーストリア】：ドイツ、ベルリン在住。児童精神科医。ユング派分析家。ベルリン・ユング研究所講師。

アイシル・フランコ（Aicil　Franco）【ブラジル】：サンパウロ在住。心理療法家。

リンデ・フォン・カイザーリンク（Linde von Keyserlingk）【ラトヴィア】：リガ在住。心理療法家。箱庭療法家。

樋口和彦（ひぐち・かずひこ）：京都文教大学学長。ISST 副会長。FDM。日本箱庭療法学会常任理事。日本心理臨床学会会員。ユング派分析家。神学博士。

岡田康伸（おかだ・やすのぶ）：京都大学大学院教育学研究科教授。ISST 会員。日本箱庭療法学会常任理事、同編集委員長。日本心理臨床学会理事。日本臨床心理士会副会長。教育学博士。

織田尚生（おだ・たかお）：東洋英和女学院大学教授。ISST 会員。日本箱庭療法学会会員。第14回日本箱庭療法学会大会長。日本心理臨床学会会員。医学博士。ユング派分析家。

岡　昌之（おか・まさゆき）：東京都立大学教授。日本箱庭療法学会会員。日本心理臨床学会理事。

安島智子（あじま・ともこ）：このはな児童学研究所所長。日本遊戯療法研究会会長。日本箱庭療法学会会員。日本心理臨床学会会員。

弘中正美（ひろなか・まさよし）：千葉大学教授。日本箱庭療法学会常任理事。日本心理臨床学会会員。

酒井敦子（さかい・あつこ）：常磐会短期大学助教授。日本箱庭療法学会会員。日本心理臨床学会会員。

金城孝次（きんじょう・こうじ）：沖縄・平安病院医療相談室長。日本箱庭

執筆者紹介（執筆順）

（なお、「ISST」は国際箱庭療法学会、「FDM」は同創立メンバー、の略である。その他の略号は各国における公認資格であるらしいが、詳細はわからない。）

山中康裕（やまなか・やすひろ）：京都大学大学院教育学研究科教授。ISST理事。FDM。日本箱庭療法学会第2代理事長。精神科医。日本心理臨床学会常任理事、同編集委員長。医学博士。

シグリット・レーヴェン＝ザイフェルト（Sigrid Lowen-Seifert）【ドイツ】：シュトゥットガルト在住。ドイツ箱庭療法学会初代理事長。ISST理事。FDM。ドイツ箱庭療法雑誌編集長。

河合隼雄（かわい・はやお）：国立国際日本文化研究センター所長。京都大学名誉教授。第2代ISST理事長。FDM。初代日本箱庭療法学会理事長。ユング派分析家。日本心理臨床学会第2代理事長。日本臨床心理士会会長。教育学博士。

ブリギッテ・グラーツェル(Brigitte Gratzel)【スイス】：バーゼル在住。ISST会員。

ダイアナ・ジャンセン（Diana Jansen）【イギリス】：ニューカッスル・アプ・タイン州ダルトン在住。ISST会員。

チョニタ・ラールセン（Chonita Larsen）【ハワイ】：ホノルル在住。ISST理事。FDM。ハワイ箱庭療法評議会議長。ユング派分析家。哲学博士。

アンドレイーナ・ナヴォーネ（Andreina Navone）【イタリア】：ローマ在住。ISST第3代理事長。FDM。イタリア箱庭療法学会会長。ユング派分析家。哲学博士。

ケイ・ブラッドウェイ（Kay Bradway）【アメリカ合衆国】：カリフォルニア州サウサリト在住。ISST理事。FDM。前米国箱庭療法学会副会長。ユング派分析家。哲学博士。

ブレンダ・ワインバーグ(Brenda Weinberg)【カナダ】：オンタリオ州ドン・マイルス在住。ISST会員。

世界の箱庭療法
現在と未来

初版第1刷発行　2000年10月30日©

編　者　山中康裕
S・レーヴェン＝ザイフェルト
K・ブラッドウェイ

発行者　堀江　洪

発行所　株式会社　新曜社
〒101-0051　東京都千代田区神田神保町2-10
電話(03)3264-4973(代)・FAX(03)3239-2958
e-mail info@shin-yo-sha.co.jp
URL http://www.shin-yo-sha.co.jp/

印刷　神谷印刷　Printed in Japan
製本　イマヰ製本所
ISBN4-7885-0739-0　C1011

新曜社の関連書から

松木邦裕 **精神病というこころ**	どのようにして起こり いかに対応するか	四六判240頁 2400円
ロバーツ・エイヴンス／森　茂起訳 **想像力の深淵へ**	西欧思想における ニルヴァーナ	四六判224頁 2400円
V・フォン・ヴァイツゼッカー／木村　敏訳 **病いと人**	医学的人間学入門	A 5 判402頁 4800円
アリス・ミラー／山下公子訳 **子ども時代の扉をひらく**	七つの物語	四六判296頁 1900円
佐々木宏子　【CD-ROM付】 **絵本の心理学**	子どもの心を 理解するために	四六判312頁 2900円
飽田典子 **遊戯法（プレイセラピィ）**	子どもの心理臨床入門	四六判352頁 3200円
リチャード・ノル／老松克博訳 **ユングという名の〈神〉**	秘められた生と教義	四六判576頁 4800円
老松克博 **漂泊する自我**	日本的意識の フィールドワーク	四六判240頁 2200円
武野俊弥 **分裂病の神話**	ユング心理学から見た 分裂病の世界	四六判232頁 2400円
N・シュワルツ - サラント／小川捷之監訳 **自己愛とその変容**	ナルシシズムと ユング派心理療法	四六判392頁 3800円
A・スティーヴンズ／佐山菫子訳 **ユング**	その生涯と 心理学	四六判432頁 3300円
日本ユングクラブ編 **プシケー　10～19号**	特集「ミレニアム」(19号) 「魔」(18号)他	A5判約160頁 1900円～
岡堂哲雄編 **新版　心理臨床入門**	臨床心理士を めざす人のために	A 5 判272頁 2200円

（表示価格は税抜きです。）